나의 첫 배우 수업

How? 아니 Why!

나의 첫 배우 수업

SCENE	TAKE	ROLL
당신이 연기에 대해	알아야 할	최소한의 것들

DATE

PROD.CO.

SOUND

DIRECTOR **제러미 크루즈** 방진이 옮김

CAMERAMAN

THE YOUNG ACTOR'S HANDBOOK

지식의편집

차례

“시시한 배역이란 없다.
시시한 배우가 있을 뿐이다.”

콘스탄틴 스타니슬랍스키Constantin Stanislavsky

이 책에 대해

연기는 극 중 인물에 생명을 불어넣는 예술이다. 배우는 등장인물에게 배정된 대사를 어떻게 말해야 할지 고민하지 않는다. 배우는 등장인물이 왜 그 대사를 말하는지 고민한다. 이 책을 펼친 당신이 아직 어리거나 연기라는 예술을 처음 접하는 사람이라면 이 책은 배우가 된다는 것이 무엇을 의미하는지 확실히 이해할 수 있도록 도울 것이다. 만약 당신이 연기 경험이 있거나 연기 훈련을 받은 적이 있다면 이 책을 새로운 통찰과 영감을 얻는 재교육 기회로 삼을 수도 있다. 학생들을 위한 연습과제, 연기 세계에 관한 새로운 관점이나 기본 지식을 구하는 교사에게도 유용할 것이다. 이 책에 나오는 연기 연습과제와 짧은 독백은 집, 강의실, 무대, 촬영장 등 실내외 어디서나 사용할 수 있다.

이 책의 첫 두 장에는 '열린 결말 장면 연습' 과제와 '동선과 연속성 연습' 과제가 예시되어 있다. 이 연습과제들은 당신이 배우로서 연기를 직접 해볼 수 있게, 그리고 아주 기본적인 연기 개념 몇 가지를 소개하기 위해 집어넣었다.

이 책의 '배우 워크시트'와 '배우 워크시트 확장하고 적용하기'는 당신이 등장인물, 관계, 상황, 그 외의 주요 요소들을 선택하는 데 유용한 안내서가 되어줄 것이다.

이 책의 '연기 개념', '기본 지침', '연기 기법', '영화 연기', '오디션', '직업으로서의 배우' 장은 연기 용어, 개념, 배우가 된다는 것의 의미, 연기 예술을 더 잘 이해하는 데 도움이 될 것이다.

'글쓰기 연습' 장은 자신이 직접 이야기를 창작하는 데 관심이 있는 배우를 위한 장이다. 이야기의 구성 요소를 간략하게 설명하고 초보 작가가 극본이나 영화 시나리오를 위한 스토리 아이디어를 찾는 데 도움이 되는 글쓰기 연습과제를 제공한다.

이 책의 마지막 장에는 짧은 창작 독백을 실었다.

이 책을 활용하는 방법은 두 가지다.

1 책을 첫 페이지에서 시작해 마지막 페이지까지 차례대로 읽는다. 책을 다 읽은 후에 어떤 부분을 더 자세히 살펴볼지 정한다. 처음부터 다시 읽어도 되고 자신에게 필요한 내용 위주로 건너뛰며 볼 수도 있다.

2 첫 두 장인 '열린 결말 장면 연습'과 '동선과 연속성 연습'으로 워밍업을 한다. 그런 다음 '연기 개념', '기본 지침', '연기 기법', '영화 연기'를 읽는다. 여기까지 읽고 나면 다시 첫 두 장으로 돌아가 책을 통해 배운 것을 토대로 연습과 훈련을 해보고 싶을 수도 있다. 그런 과정을 마치고 난 뒤 읽지 않은 나머지 내용을 읽을 수도 있다.

열린 결말 장면 연습

1장

열린 결말 장면 연습은 두 배우가 짝을 이뤄 실시한다. 등장인물의 이름은 배우 A와 배우 B다. 등장인물의 나이와 성별은 특정되어 있지 않다. 그러나 등장인물이 당신과 비슷한 연배라고 가정하고 인물을 설정하는 것이 가장 좋다. 실제 연기자 세계에서 배우가 자신의 실제 나이보다 한참 많거나 한참 적은 배역을 연기하는 경우는 드물다.

이야기는 생사가 걸린, 극적인 상황에 있는 사람들을 다룬다. 극본이나 시나리오에 나오는 모든 장면이 중요하다. 장면은 사소하건 중요하건 이야기가 앞으로 나아가도록 설계된다. 어떤 장면이 느슨하거나 잡담으로 채워지거나 아무 의미 없는 평범한 하루를 다룬다면 작가의 글이 형편없거나 배우의 연기가 엉망이거나 아니면 이른바 무장르에 속하는 작품의 일부인 것이다.

등장인물이 A 지점에서 출발해 B 지점에 도착하지 않는다면 그 이야기는 서사가 아니다. 글로 적히고 제작되는 대다수의 이야기는 극적인 상황에 놓인 사람들에 관한 이야기다. 장면에 무게감이 실리도록 활력을 불어넣는 대담한 선택을 하는 것이 배우의 임무다.

만약 당신이 연기하는 인물이 무언가를 원하는데, 그것이 절박하지 않다면 당신이 시시한 선택을 한 것이다. 뛰어난 글에서는 당연히 절박함이 기본 원칙으로 장착되어 있다. 만약 크고 사악한 늑대에게서 도망칠 방법을 찾지 못하면 빨간 모자는 목숨을 잃는다. 헤밍웨이의 《노인과 바다》에서 산티아고는 청새치를 잡으려고 목숨을 건다. 영화 <대부>에서 마이클 코를레오네는 가족을 지키기 위해 목숨을 건다. 마이클이 가족을 지키는 것을 최우선 순위에 두고 기꺼이 자신의 목숨까지 걸지 않았다면 그 이야기는 별다른 반응을 이끌어내지 못했을 것이다. 절박함의 원칙은 소설, 희곡, 영화 시나리오 등 장르나 분량에 상관없이 적용된다. 따라서 대담한 선택을 하는 것이 배우인 당신의 일이자 임무이다.

다음에 예시한 장면들은 어떤 해석이든 가능하다. 마음껏 상상력을 발휘하라. 과거 경험을 떠올리거나 구체적인 내용을 무에서 창조하거나 두 가지 방법을 모두 활용해서 관계, 상황, 등장인물에 생명력을 불어넣어라.

장면을 가지고 작업을 시작하기 전에 기본적인 선택 몇 가지를 해야 한다.

1 "나는 어디에 있는가?"

2 "이 장면에 등장하는 상대 인물은 나와 어떤 관계인가?"

3 "이 장면에서는 어떤 일이 벌어지고 있는가?"

선택은 구체적이어야 한다. 구체적이면 구체적일수록 더 좋다. 장소를 선택한다면 "학교에서"로 그쳐서는 안 된다. 학교 어디를 말하는가? 구내식당인가? 사물함 근처 복도인가? 교장실인가?

관계를 선택할 때도 단순히 "형"이라고만 하기보다는 "내가 존경하는 형" 등 내가 그 인물을 어떻게 생각하는지 구체적으로 명시해야 한다.

장면에서 어떤 일이 벌어지고 있는지도 구체적으로 정

해야 한다. “학교 복도에서 형을 봤는데, 나를 모른 척해서 충격을 받았다. 형과 눈이 마주쳤는데도 나를 투명인간 취급했다.”

열린 결말 장면 연습을 하면서 당신이 할 수 있는 선택은 무궁무진하다. 선택의 한계선은 오직 당신의 상상력일 뿐이다. 이 연습의 핵심은 대사는 중요하지 않다는 것이다. 중요한 것은 대사 뒤에서 벌어지고 있는 것들이다. 대사를 어떻게 말할지 정하려고 하지 말자. 어느 단어를 강조할지 선택하려 들지 말자. 앞서 한 선택들에 집중하고 그 선택이 장면에 스며들어 당신의 말과 동작에서 드러나도록 하라.

장면 연습을 함께하는 배우에게 무엇을 하라고 말하지 말자. 당신의 아이디어를 다른 배우에게 강요하지 말자. 절대 다른 배우에게 장면을 어떻게 연기해야 하는지 설명하려 들면 안 된다. 앞서 제시한 기본적인 선택들은 상대 배우와 함께 정하되 당신이 연기하는 등장인물과 관련된 선택들은 혼자 하라. 상대 배역과 관련된 선택들은 상대 배우에게 맡겨라. 배우는 다른 배우가 자신에게 어떻게 연기하라고 말하는 것을 싫어한다. 당신에게 주어진 임무의 범위는 오직 당신의 배역과 관련된 선택이다.

각각의 배우들이 더 훌륭한 선택을 하도록 이끄는 것은 교사나 연출자의 일이다. 교사나 연출자 없이 작업을 한다면 장면의 연기 방향에 대해 조언을 해도 되는지 예의를 갖춰 상대 배우에게 먼저 물어야 하고 그의 아이디어도 들어야 한다.

장면을 연기하기 전과 후에 당신의 선택들에 대해 다음과 같은 질문을 하면서 스스로 그 선택들을 검토하라.

1 “내가 할 수 있는 가장 대담한 선택을 했는가?”

2 “어떻게 하면 이 장면이 나와 관객들에게 더 흥미로운 것이 될까?”

이 책에 나오는 ‘배우 워크시트’와 ‘배우 워크시트 확장하고 적용하기’는 당신이 연습과제를 하고 선택을 할 때 지침이 되어줄 것이다.

대사를 어떻게 말해야 할지에 초점을 맞추지 말자. 감정을 만들어내는 데만 온통 집중하지 말자. 어떤 선택을 할지에 초점을 맞추자.

열린 결말 장면 #1

A 안녕. 반가워.

B 반가워.

A 좋아 보이는데.

B 응 좋아.

A 이제 가봐야겠다.

B 나도.

열린 결말 장면 #2

A 기분이 진짜 좋아.

B 난 안 좋아.

A 저런, 어쩌나.

B 넌 이해 못 해.

A 그래, 못 해.

B 이제 기분이 조금 나아졌어.

열린 결말 장면 #3

A 그럴 줄 알았어.

B 그래? 의외인데?

A 정말? 왜?

B 그냥.

A 왜 그런지 말해 줘.

B 잘 생각해 봐.

A 역시 그런 거였어.

열린 결말 장면 #4

A 정말 안됐다.

B 괜찮아.

A 이건 불공평해.

B 좀 도와줄래?

A 그럴 수는 없어.

B 알았어.

열린 결말 장면 #5

A 정말 잘됐어.

B 별거 아닌데

A 별거 맞아. 넌 자격이 있어.

B 내가 노력한 건 맞아

A 나도 도왔지.

B 뭐, 그렇다고 치자.

A 속이 울렁거려.

B 넌 늘 그렇잖아.

열린 결말 장면 #6

A 내 생각대로야.

B 나도 알고 있었어.

A 사실대로 말해.

B 알았어.

열린 결말 장면 연습 지시문

이제 선택을 했으니 다음 지시문을 열린 결말 장면에 적용해 보자.

지시문 #1

장소-방

배우 A 당신은 외출 금지를 당했습니다. 부모님께 대들었고 사과하지 않았습니다. 지금 당신은 자기 방에 있습니다. 형제 또는 자매가 당신 방에 왔습니다.

배우 B 당신의 형제 또는 자매가 외출 금지를 당했습니다. 당신의 형제 또는 자매는 부모님께 대들었고 사과하지 않았습니다. 형제 또는 자매는 지금 자기 방에 있습니다. 당신은 그 형제 또는 자매 방에 갔습니다.

지시문 #2

장소-감옥

배우 A 당신은 세상을 구하려고 나선 전투부대

에 소속된 병사입니다. 바이러스로 인해 전 세계 인구의 대부분이 죽었습니다. 배우 B는 백신이 어디에 있는지 알고 있지만 그 장소가 어디인지 말하지 않고 있습니다.

배우 B 바이러스로 인해 전 세계 인구의 대부분이 죽었습니다. 당신은 백신이 있는 장소를 압니다. 그 장소는 기밀입니다. 당신은 한 전투부대의 포로가 되었습니다. 백신이 어디 있는지 말하면 그 정보로 끔찍한 일을 벌일까 봐 걱정하고 있습니다.

지시문 #3

장소-댄스 대회가 열린 호텔 로비

배우 A 당신은 막 댄스 경연 대회에서 우승했고, 유명 댄스 그룹의 팀원으로 뽑혔습니다. 공연 리허설에 참여하려면 플로리다주 마이애미로 이사를 가야 합니다. 리허설이 끝나면 1년 동안 월드 투어를 돌아야 합니다. 당신의 친구인 배우 B도 댄스 경연 대회에 참가했는데, 그는 꼴찌를 했습니다.

배우 B 당신은 막 댄스 경연 대회에 참가했고 꼴찌를 했습니다. 당신의 친구 배우 A는 같은 댄스 경연 대회에서 우승을 했습니다.

열린 결말 장면을 연기해 보는 것은 여러 장점이 있다. 그중 하나는 본능과 직관에 따라 선택할 수 있는 자유가 주어진다는 것이다. 또 연기 개념과 이론을 심도 있게 탐구하기 전에 바로 연기를 실제로 해볼 수 있다. 열린 결말 장면 연습을 몇 차례 하고 나면 당신에게 어떤 배역이 어울리는지도 대략 감이 잡힌다. 작업할 자료를 무작정 찾아 헤매는 대신 당신이 공감할 수 있는 등장인물이 나오는 작품을 찾을 수 있게 된다.

다시 한번 말하지만, 열린 결말 장면을 연기할 때는 당신의 선택에 집중하라. 당신의 선택으로 대사 뒤에서 벌어지는 일들이 정해진다. 대사에 나오는 단어들에 의미를 부여하려고 애쓰지 말자. 당신의 선택이 당신 행동의 동력이 되어줄 것이다. 대사에 나오는 단어들은 정보를 전달할 뿐이다. 정보가 중요하지 않다는 것이 아니다. 셰익스피어 작품이 그렇듯이 대사가 그 자체로 아름답고 강렬할 수 있다. 그러나 배우의 임무는 등장인물의 내면 세계를 창조하는 것이다.

당신은 열린 결말 장면의 원료가 될 선택들을 했다. 그리고 그 장면에 지시문을 적용했다. 이제 당신이 앞서 한 기본적인 선택들이나 지시문 1, 2, 3을 적용해서 다음에 나오는 대화문을 연기해 보라. 당신이 한 선택들 또는 지시문 1, 2, 3의 내용에 초점을 맞춰라. 대화에 의미나 논리를 부여하려고 하지 말라.

열린 결말 장면 #7

A 잔디가 쑥쑥 자라.

B 개 한 마리를 봤어.

A 휴가는 좋지.

B 배고픔이 현실이지.

A 시계는 시간을 말하지.

B 동전하고 지갑.

동선과 연속성 연습

2장

다음에 제시한 장면들은 당신이 정해진 지점으로 정확하게 이동하거나 무대 위 또는 카메라 앞에서 소품을 다루는 법을 연습하도록 돕는다. 열린 결말 장면을 연습할 때와 마찬가지로 대담한 선택을 해야 한다.

첫 대사를 말하기 전에, 특정 단어에서, 사이pause, 대사나 극적 흐름의 의도적인 일시적 휴지休止에서 잠시 멈췄을 때, 마지막 대사를 말한 뒤에,

1 무대나 방에서 다른 지점으로 이동하라(표시 정확히 밟기). 위치 표시로 바닥에 테이프를 붙이기도 한다.

2 소품을 집거나 내려놓는다.

상업 작품을 할 때는 연출자가 당신에게 특정 대사를 말할 때 또는 특정 단어에서, 또는 특정 순간에 이동을 하라거나 소품을 집어 들라고 요청하는 일이 빈번하다. 당신이 등장인물에 몰입해서 연기를 하면서도 당신에게 요구되는 모든 신체적 동작을 수행하는 것을 당연하게 여긴다.

소품을 다루는 것도 당신의 주요 임무 중 하나다. 이는 영화 작업에서 특히 중요하다. 지시에 맞춰 소품을 다루면서 테이크를 여러 번 하는 동안에도 연속성을 유지할 수 있어야 한다. 편집 작업을 거치는 영화에서는 연속성이 매우 중요하다. 예를 들어 어떤 배우가 물이 든 유리컵을 들었다고 하자. 이때 모든 테이크에서 같은 대사의 같은 지점에서 같은 방식으로 그 유리컵을 들어야 한다. 컵을 드는 동작과 컵을 잡은 위치가 매번 같아야 편집자가 다른 각도에서 찍은 필름을 잘라 연결할 수 있다. 테이크 중 하나라도 컵을 드는 동작이나 컵을 잡는 위치가 달라지면 편집하기가 매우 까다로워진다. 연출자와 편집자는 편집 작업을 수월하게 만들어주는 배우를 좋아한다. 연극이건 영화이건 연출자는 연기 지시에 맞춰 빠르고 정확하게 신체 동작을 수정하는 배우를 선호한다.

어떤 작업을 하건 거의 언제나 대사는 대본에 쓰인 그대로 실연實演해야 한다. 그러나 때로는 그 자리에서 대사를 자유롭게 바꿔보라는 요청을 받기도 한다. 연출자가 그런 요청을 했다면 당신이 즉흥적으로, 직관적으로 그 장면에 뭔가 신선함을 더하기를 바라는 것이다. 즉흥연기를 할 때는 그 무엇에도 얽매이지 말고 자유롭게 탐색하고 연기한다.

다음에 제시한 장면들을 아주 구체적인 동작을 하면서 대사를 있는 그대로 정확하게 연기해 보자. 등장인물에 몰입해서 다양한 변주를 시도해 본다. 그런 다음 즉흥연기를 한다. 같은 장면을 연기하되 직관과 본능이 이끄는 대로 자유롭게 연기한다.

여기 나오는 장면에서 화자는 한 명뿐이다. 한 명 이상의 다른 배우와도 연습해 보고 혼자서도 해보자.

카메라 앞에서 연습한다면 각각 와이드 숏인물의 전신이 나오고 전체적인 조망을 보여주는 숏, 미디엄 숏인물의 상반신 정도가 나오는 중간 크기의 숏, 클로즈업 숏인물의 얼굴이나 특정 신체 부위를 화면이 가득차게 잡는 근접촬영 숏으로 잡고 연습해 보자.

장면 #1

배우 난 항상 뭐든 잃어버려. (사이.) 뭐가 어디에 있는지 메모하면 그 메모지도 잃어버려. (사이.) 난 항상 뭐든 잃어버려.

장면 #2

배우 제대로 되는 게 하나도 없어. (사이.) 늘 열심히 노력하는데. (사이.) 모든 게 변하고 있어.

장면 #3

배우 늘 이런 식이야. (사이.) 네가 하지 말라고 했는데. 네 말을 들을걸. (사이.) 그러지 않길 잘했어.

장면 #4

배우 오늘은 좋은데. (사이.) 아니, 그렇지

않아. 사실은 그렇지 않아. (사이.) 하지만 잘될 수도 있어.

장면 #5

배우 너무 좋아. 멋져. (사이.) 사실 조금 마음에 걸리는 게 있지만. (사이.) 정말 싫어. 끔찍해.

장면 #6

배우 말도 안 돼. (사이.) 아니, 그런 말이 아니잖아. (사이.) 나답지 않은 말을 했어.

배우 워크시트

3장

나는 어디에 있는가?

나는 누구에게 말하고 있는가?

나는 그 사람/사람들에게 어떤 감정을 느끼고 있는가?

이 장면 시작 직전에 무슨 일이 있었는가?

이 장면에서는 어떤 일이 벌어지고 있는가?

지금 나에게는 무슨 일이 일어나고 있는가?
(나는 무엇을 경험하고 있는가?)

나는 무엇을 원하는가?

(나의 욕구는 무엇인가? 나의 목적은 무엇인가?)

나로 인해 이 장면은 어떻게 바뀌는가?

이 장면과 유사한 상황, 관계, 경험을 배우인 내 실제 삶에서 찾아서 활용할 수 있을까? 배우인 나는 이 장면과 유사한 상황, 관계, 경험에 어울리는 구체적인 내용을 무에서 창조해낼 수 있을까? (사적인 내용은 기록하지 말 것. 당신이 활용할 만한 것을 떠올리는 데 도움이 되는 두세 단어만 적어보자. 사적인 정보는 그 누구와도 상의하지 말자. 예컨대 '고등학교 복도'라고 적어라. '복도를 걸어가는데 루가 일부러 내 손을 쳐서 들고 있던 책을 떨어뜨리게 만들었다. 나는 울음을 터뜨렸고 그런 나를 보고 모두가 큰 소리로 웃었다."라고 적지 말자.)

배우 워크시트 확장하고 적용하기

4장

이 장에서 제시한 질문들은 당신이 맡은 배역을 파악하기 위해 탐색할 수 있는 수많은 질문 중 일부에 불과하다. 당신이 탐색할 수 있는 질문의 수에는 제한이 없다. 각각의 질문에 할애할 수 있는 시간에도 제한이 없다. 질문에 대한 답은 글로 적어도 되고 소리 내어 말해도 된다.

인간이라면 누구나 자기 삶의 모든 측면에 대해 끝도 없이 이야기를 풀어낼 수 있다. 자신의 인생 이야기, 자신의 가치관, 자신이 꿈꾸는 미래에 대해 말할 수 있다. 당신도 자신의 배역에 대해 그런 식으로 이야기할 수 있어야 한다. 자신이 연기하는 인물에 대해 더 많이 알면 알수록 그 인물을 더 잘 연기할 수 있다.

작가가 등장인물에 대한 정보를 약간 던져주기는 하

지만 배우가 등장인물에 대해 알아야 하는 모든 정보를 제공하지는 않는다. 햄릿 역을 맡았다고 해보자. 셰익스피어는 햄릿인 내가 학생이라고 알려줬지만, 그 어디에도 내가 무슨 공부를 하는지는 나오지 않는다. 그건 내가 정해야 한다.

다음에 나오는 질문을 읽어가면서 자신이 맡은 등장인물의 관점에서 답을 해보자. 예를 들어 "무엇을 하며 시간 보내는 걸 좋아하나요?"라는 질문에 당신은 이렇게 답할 수 있을 것이다. "전 책 읽는 걸 정말 좋아해요. 책 한 권을 아직 다 읽기도 전에 다음 책을 골라놓곤 하죠. 도서관에서 몇 시간씩 보내기도 하고요. 한번은 도서관에서…."

어떤 답을 꾸며내도 좋다. 기발하고 흥미로운 답을 선택하자. 최종 리허설 전이나 첫 공연, 촬영 전까지는 얼마든지 원하는 대로 답을 자유롭게 수정할 수 있다.

집에서

1 부모와 같이 사는가? 한부모 가정인가? 조부모와 함께 사는가? 혼자 사는가 아니면 함께 사는

가족이 있는가?

2 함께 사는 가족과 어떻게 지내는가?

3 형제자매가 있는가?

4 형제자매와는 사이가 어떤가?

밖에서

1 친구가 많은가? 자주 어울리는 친구 그룹이 있는가? 가장 친한 친구 한 명을 꼽으라면? 외톨이인가?

2 친구가 있다면 그 친구와는 어떻게 지내는가?

3 사람을 좋아하는가?

4 사람과 이야기하는 걸 좋아하는가?

학교에서

1 학교생활이 즐거운가?

2 모범생인가?

3 학교에서 문제를 일으키거나 말썽에 휘말린 적이 있는가?

일터에서

1 보수를 받는 일을 하는가?

2 집에서 당신이 담당하는 집안일이 있는가?

3 당신이 하는 일 또는 당신이 담당하는 집안일에 대해 어떻게 느끼는가?

방과 후 활동

1 시간이 날 때 재미로 하는 일이 있는가?

2 운동을 하는가?

3 취미가 있는가? 있다면 무엇인가?

종교관

1 종교가 있는가?

2 가족과 같은 종교를 믿는가? 친구나 동료와 종교가 같은가?

3 당신의 종교관에 대해 남들에게 말하는가?

정치관

1 당신의 정치적 견해는 무엇인가?

2 가족과 정치관이 같은가? 친구나 동료와 정치관이 같은가?

3 당신의 정치관을 남들에게 밝히는가?

시간이 흐르면 사람은 누구나 변한다. 일곱 살인 나의 입장과 감정은 열두 살인 나의 입장과 감정과는 다를 수밖에 없다. 당신의 삶은 어떻게 달라졌는가? 사람의 외모는 그 사람과 그 주변 사람에게 영향을 미친다. 당신은 당신의 외모나 옷차림 때문에 부당한 대우를 받거나 후한 대접을 받은 적이 있는가?

연기 개념

5장

이 장에서 다루는 내용이 다소 어렵게 느껴질 수도 있다. 완벽하게 이해하려면 여러 번 반복해서 읽어야 할 수도 있다.

내가 연기 교사나 강사 자격으로 13세 미만의 학생들을 가르칠 때는 이 장에 나오는 내용 중 일부는 빼고 가르친다.

서브텍스트

대사는 '빙산의 일각'에 불과하다. 당신이 관심을 집중해야 하는 것은 등장인물의 내면세계 창조하기, 무대에서 무언가를 경험하기, 등장인물의 목적 달성하기이다. 대본에 적힌 글자들은 부차적인 문제다.

무대 위의 인물들은 사람들이 현실에서 그렇듯이 실제 자신의 감정과는 다른 말을 하곤 한다. 아주 끔찍한 소식을 들은 뒤에 누군가 안부를 물었을 때 이렇게 답한다. “잘 지내요.” 내가 입 밖으로 뱉은 말이 내가 느끼는 감정과 반드시 일치하는 것은 아니다. 이것이 서브텍스트subtext다. 누군가에게 “가지 마세요.”라고 말했더라도 정말로 하고 싶은 말은 “당장 나가.”일 수도 있다. 서브텍스트는 우리가 생각하고, 느끼고, 원하는 것을 꼭 입 밖으로 소리 내 말하지는 않는다는 것을 나타내는 개념이다.

등장인물의 내면세계와 목적을 이해하지 못하면 그 등장인물의 서브텍스트도 알 수 없다.

내면세계

등장인물의 내면세계inner life는 그 인물이 경험하고 있는 것을 의미한다. 등장인물의 현실이 곧 그 인물의 내면세계다. 배우는 등장인물의 내면세계를 좁은 의미로 해석해서 그가 생각하고, 느끼고, 경험하는 것으로 한정한다. 예컨대 당신이 맡은 배역의 내면세계는 다음과 같을 수 있다. “나는 정말 체스 시합에서 이기고 싶어. 나 자신이나 남을 해치지 않는 한 무슨 수를 써서라도 이기고 싫어. 내 체스 실력이 더 뛰어났다면 좋았을 텐데. 더 열심히 할걸. 슬프다." 또는 "여기서 나가야 해. 이 교실에 있는 사람들이 너무 싫어. 화가 나. 숨이 턱턱 막히고 속이 메슥거려. 하지만 나갈 수가 없어. 지금 나가면 중요한 정보를 얻을 기회를 놓칠 테니까."일 수도 있다.

당신의 임무는 등장인물의 내면세계를 이해하고 당신 자신과 관객이 그 내면세계를 현실로 받아들이게 하는 것이다. 내가 연기하는 인물은 지금 어떤 경험을 하고 있는가? 내 인물에게 어떤 일이 벌어지고 있는가? 내 인물이 처한 현실은 무엇인가? 이런 질문을 자신에게 하면 인물의 내면세계를 파악하는 데 도움이 된다. 이런 질문은 그 인물이 되어서 1인칭 시점으로 물었을 때 효과적이다. 요컨대 이렇게 묻는다. "지금 나는 무엇을 경험하고 있는가?"

목적

인간은 늘 무언가를 원하고 있다. 먹을 것이나 비를 피할 곳처럼 아주 기본적인 것일 수도 있고, 타인의 인정이나 정신적 자유처럼 다소 추상적이고 복잡한 것일 수도 있다. 당신은 무엇을 원하는가? 당신에게는 무엇이 필요한가? 나에게 현재 없는 것 중에 내가 원하는 것은 무엇인가? 다른 등장인물이 하는 일들 중에 내 마음에 들지 않는 것은 무엇인가? 다른 등장인물이 하지 않고 있는 일들 중에 했으면 하는 것은 무엇인가? 스스로에게 이런 질문을 하면 당신의 목적objective을 파악하는 데 도움이 된다. 연기 세계에서는 일반적으로 목적, 필요, 욕구가 동의어로 사용된다.

여러 개의 장면으로 이루어진 연극이나 영화라면 당신의 배역이 극 전체에서 이루고자 하는 목적이 있을 것이다. 또한 각 장면마다 그 인물에게는 그 장면에서 이루고자 하는 목적도 있다. 각 장면의 목적은 어떤 식으로든 극 전체 목적과 연결된다.

당신이 작업 중인 연극이나 영화가 장면이나 막으로 나뉘지 않더라도(분량과 상관없이), 당신이 맡은 등장인물이 추구하는 전체 목적은 여전히 존재한다. 대본에서 등장인물의 목적이 변하는 전환점을 찾아봐야 한다. 예를 들어 당신이 연기하는 인물이 어머니와 상호작용을 하고 어머니가 퇴장한다. 그 다음에 여동생이 등장하고 여동생과 상호작용을 한다. 아마도 각각의 상호작용에서 당신이 맡은 인물이 이루고자 하는 목적은 서로 다를 것이다.

당신의 목적은 능동적이어야 한다. 예컨대 "피자를 먹고 싶다." "학교에서 새로 만난 친구들에게 인정받고 싶다."같이 표현한다.

비트와 액션

모든 장면과 독백은 비트beat로 쪼개야 한다. 비트는 장면의 분위기 변화를 나타내는 단위다. 더 구체적으로 말하면 비트는 액션action이다. 액션은 한 등장인물이 자신의 목적을 달성하기 위해 사용하는 전술을 가리킨다. 액션은 행동 동사로 표현된다.

가령 나의 목적이 "피자 한 조각 얻어내기"라면 나는 부엌으로 가서 엄마에게 피자를 조를 수 있다. "엄마! 피자 한 조각만 주세요, 네? 제발요." 엄마가 안 된다고 하면 툴툴거릴 수 있다. "엄만 내가 원하는 건 맨날 안 된다고만 하죠." 그래도 피자를 얻지 못하면 엄마를 비난할 수도 있다. "엄만 진짜 너무해요. 모두 그렇게 생각해요." "저처럼 착한 아이가 아주 작은 즐거움조차 누리지 못하다니 정말 속상해요."같이 죄책감을 자극하거나 마지막으로 협박도 해볼 수 있다. "아동 보호기관에 전화해서

신고할 거예요. 새로운 위탁 부모는 좋은 사람들이겠죠? 엄마가 심한 처벌을 받지 않길 바라요." 이 장면의 마지막에 결국 나는 원하는 것을 얻어내거나 얻지 못한다. 피자 한 조각 먹겠다고 이렇게까지 하는 건 다소 지나친 감이 있다. 그러나 목적을 달성하기 위해 여러 전술, 즉 액션을 선택한 좋은 예다. 이 예시를 통해 대담한 선택들을 하는 것, 예컨대 조르고, 툴툴대고, 비난하고, 죄책감을 자극하고, 협박하는 것이 장면에 무게감을 부여하는 데 도움이 된다는 것을 이해했기를 바란다. 아마도 이 피자 장면의 장르는 코미디일 것이다.

비트는 당신이 작업하는 작품이 무엇이건 그 작품이 단조롭고 지루하거나 쓸데없이 장황해지지 않게 도와줄 것이다. 등장인물은 현실 세계의 사람처럼 자신이 원하는 것을 얻기 위해 다양한 전술을 시도한다. 내가 8분 내내 어머니에게 피자를 조르기만 한다면 이것을 지켜보는 사람은 매우 지루할 것이다. 내가 이런저런 전술을 시도하는 쪽이 보는 사람 입장에서도 더 흥미롭고, 아마 더 재미도 있을 것이다. 모든 뛰어난 작가는 이 개념을 잘 안다. 모든 뛰어난 작품에는 목적, 비트, 액션이 있다. 작품을 분석해서 작가의 의도를 파악하는 것이 배우가 해야 할 일이다.

구체적이고 대담한 목적과 액션은 연기의 출발점이다. 나는 뭔가를 얻기 위해 조르는 것이 어떤 것인지 안다. 따라서 연기하기도 쉽다. 흔히들 소극적인 목적 또는 액션을 선택한다. “엄마한테 피자 얘기를 해야지.” “엄마에게 피자가 먹고 싶다고 말해야지.”는 소극적인 목적이다. 너무 일반적이고 추상적이다. “엄마를 몰아붙여 피자를 내 손에 쥐여줄 수밖에 없도록 만들겠어.”라고 하자. 목적과 액션은 당신이 이해할 수 있는 형태로 표현해야 한다. 대담한 목적은 구체적이고 대담한 선택에서 나온다.

목적은 내적 욕구가 표출된 것일 수 있다. “피자가 너무너무 먹고 싶어. 배고파 죽겠어. 피자를 못 먹으면 쓰러질지도 몰라.” 또는 인간관계와 연결해서 표현할 수도 있다. “엄마에게 피자 한 조각을 얻어내야겠어. 나를 구할 수 있는 건 엄마뿐이니까.”

당신 액션의 일부 또는 전부를 동작으로 나타낼 수 있다. “엄마가 피자를 주지 않으면 툴툴대겠어.” 여기서 당신의 액션은 ‘툴툴대다’이다. 바닥에 앉아 팔짱을 낀 채로 툴툴댈 수 있을 것이다. 당신 액션의 일부 또는 전부를 인간관계와 연결할 수도 있다. “엄마에게 피자를 달라고 졸

라야지.” 여기서 당신의 액션은 ‘조르다’이다. 의자 위에 서서 손깍지를 끼고서 조를 수 있을 것이다. 어떤 경우든지 당신은 다른 사람에게 원하는 것이 있고, 당신은 그 사람의 반응에 영향을 받는다. 그 사람의 반응과 함께 당신은 다음 비트로 넘어간다. 당신은 상호작용 중인 사람에게 영향을 주고, 또 그로 인해 영향을 받는다. 한 장면, 또는 작품 전체가 끝날 무렵 당신은 당신이 원하는 것을 얻어내거나 얻지 못한다.

다시 한번 강조하지만 비트는 분위기의 변화로 규정된다. 더 구체화하자면 비트는 액션이다. 비트는 짧을 수도, 길 수도 있다. 대사 한 줄일 수도, 한순간일 수도, 세 페이지 분량의 상호작용일 수도 있다.

다음은 예를 들 수 있는 액션 동사의 목록들이다. 모든 행동 동사를 총망라한 목록은 아니다.

충고하다	감독하다	자극을 주다
도와주다	분석하다	보살피다
고치다	교육하다	칭찬하다
허락하다	격려하다	들어 올리다
무시하다	강요하다	고치다

부추기다	알려주다	대접하다
사로잡다	접대하다	꾸짖다
지도하다	검사하다	망신시키다
상담하다	안내하다	강화하다
위로하다	죄책감을 주다	굴복하다
지적하다	거들다	흥분시키다
비판하다	알리다	가르치다
논쟁하다	지시하다	시험하다
옹호하다	판단하다	위협하다
미루다	이끌다	변경하다
반항하다	강의하다	입증하다
부수다		

예시

전체 목적 댄스 경연 대회에서 탈락한 실망감을 위로받는 것

장면 목적 엄마를 몰아붙여 피자를 얻어내기

행동 조르기, 툴툴대기, 비난하기, 죄책감 느끼게 하기, 협박하기

현실 세계에서 우리가 하는 모든 것에 목적, 비트, 액션이 들어가 있는 것처럼 모든 연극, 영화 작품에도 목적, 비트, 액션이 들어가 있다. 현실을 살아가는 우리는 목적, 비트, 액션의 존재를 인지하고 있을 수도, 인지하지 못하고 있을 수도 있다. 등장인물이 자신의 목적, 비트, 액션이 무엇인지 알고 있을 수도, 알지 못하고 있을 수도 있다. 그러나 배우인 우리는 우리가 연기하는 인물의 목적, 비트, 액션이 무엇인지 알고 있어야 한다.

각 비트에 들어 있는 액션을 파악하는 것 외에도 각 비트에서 등장인물의 내면세계도 분석해야 한다. 매 순간 등장인물이 무엇을 경험하는지를 찾고 그에 대한 당신만의 해석을 내놓아야 한다.

내면세계, 목적, 서브텍스트

내면세계, 목적, 서브텍스트는 서로 긴밀하게 연결되어 있다. 등장인물을 생생하게 살리기 위해서는 이 세 가지가 모두 필요하고, 모두 똑같이 중요하다.

당신의 목적이 피자를 얻어내는 것이라면 당신의 내면세계(즉 현실)는 배가 고프다는 것이다. 그러니 허기를 창조하라. 당신의 목적인 “엄마를 몰아붙여 엄마가 내게 피자를 주도록 만들기”를 이해해야 한다. 이 장면에서 당신의 대사는 “앞으로 다시는 피자를 먹는 것으로 위로받을 수 없을 거예요.”이다. 당신의 서브텍스트는 “엄마가 당장 피자를 주지 않으면 난 무너져 버릴 거예요.”이다.

등장인물이 현재 느끼는 감정에 초점을 맞추면 안 된다. 배우인 우리는 등장인물이 어떤 감정을 느끼고 있는지 안다. 그러나 연기할 때 그 인물의 감정에 초점을 맞추면 억지 연기, 과장된 연기, 형편없는 연기를 하게 된다.

등장인물의 내면세계를 이해하고, 적절한 목적을 찾아내고, 서브텍스트가 무엇인지 파악하는 일은 복잡하고 매우 힘들다. 효과적인 조합을 찾기까지 엄청난 고민과 리허설을 거쳐야 한다. 아주 가끔은 운이 좋아서 빨리 찾을 수도 있다. 이것은 정답과 오답이 있는 문제가 아니다. 당신이 할 수 있고, 당신의 선택이 좋은 연기로 이어지는 조합을 찾아야 한다. 햄릿을 연기하는 두 배우가 있다고 해보자. 두 배우는 햄릿을 각기 다르게 해석할 수 있다. 첫 번째 배우는 햄릿이 연극 초반부터 정신적으로 불안

정한 상태이고, 시간이 지나면서 점점 더 미쳐간다고 판단한다. 두 번째 배우는 햄릿이 연극 초반에 아버지의 죽음, 그리고 어머니와 삼촌의 결혼에 충격을 받기는 하지만 정신적으로 문제가 있지는 않다고 해석할 수 있다. 그는 햄릿이 삼촌이 아버지를 죽였다는 사실을 알게 된 후에 미치게 되었다고 생각하는 것이다. 배우가 어떤 해석을 하건 그 해석이 좋은 연기로 이어진다면 상관없다.

등장인물의 내면세계, 목적, 서브텍스트 중에서 어느 것을 가장 먼저 살펴봐야 할까? 내면세계? 아니면 목적? 이것은 아주 중요한 문제이며 이 책의 후반부에서 다룰 것이다. 다만 이미 말했듯이 등장인물의 내면세계와 목적이 무엇인지 이해하지 못한 상태에서는 서브텍스트도 당연히 이해할 수 없다.

기본 지침

6장

그 순간에 존재하기

당신의 선택을 믿어라. 연기할 때 당신은 '그 순간에in the moment' 존재한다. 당신의 선택에 대해 생각하고 있지 않다. 당신은 그 장면에서 주어진 상황이 무엇인지 이미 잘 알고 있다. "나는 누구인가?", "나는 어디에 있는가?", "무슨 일이 벌어지고 있는가?", "이 장면에 나오는 다른 사람과 나는 어떤 관계인가?"에 대한 답을 알고 있다. 당신은 자신의 내면세계에 대해서도 잘 알고 있다. 자신의 목적과 그 목적을 달성하기 위해 자신이 어떤 행동을 할 것인지도 알고 있다. 그 장면의 서브텍스트도 알고 있다. 당신이 이 모든 내용을 이해하고 있으며, 이를 스펀지처럼 모조리 흡수했다는 것을 믿어라. 이런 정보들이 전부 무대 위 또는 카메라 앞에서 당신이 하는 모든 것의 동력이 된다. 당신은 등장인물과 하나가 되었다. 당신은 '그 순간에' 존재한다.

연기를 하는 동안에는 주어진 상황, 당신이 한 모든 선택, 등장인물의 세세한 이력과 특징에 대해 생각해서는 안 된다. 그 모든 정보를 한꺼번에 머릿속에 떠올리는 것은 불가능하다. 연기를 하는 당신의 목표는 연기를 하면서 무언가를 경험하는 것이다. 머릿속 생각에 갇혀 있으면 안 된다. '그 순간에' 존재한다는 것은 당신이 등장인물과 하나가 되어 들리는 소리에 집중하고 반응하는 것을 의미한다.

장면이 시작되기 전에 당신은 등장인물에 몰입한다(7장에서 상세히 다루겠다). 장면이 시작되면 당신은 등장인물이 되어 당신과 함께 무대 위에 있는 다른 사람에게 귀를 기울인다. 말과 몸짓으로 당신에게 전달되는 모든 것에 반응한다. 말과 몸짓으로 당신에게 전달되는 모든 것은 당신에게 영향을 주고, 그로 인해 당신은 그 다음 비트로 넘어간다.

현실에서처럼 연기를 할 때 당신은 내면에서 솟아나는 무언가로 인해 원하는 것이 생기고, 그것을 얻으려고 애쓴다. 그리고 당신이 받은 반응에 영향을 받는다. 한 영화에서 당신의 배역은 리포트 과제를 받았고 좋은 성적을 받고 싶다. 부모님이 당신이 학업을 소홀히 한다고 생각하기 때문이다. 당신은 나름대로 열심히 공부하고 있는데, 당신이 존경하는 국어 선생님이 다소 엄격한 편이다. 당신은 부모님과 선생님에게 인정받고 싶고 스스로 똑똑하고 성실한 학생이라고 자부한다. 당신은 당신의 학업 성취도가 뛰어나다고 믿는다. 리포트 과제도 열심히 써서 제출한다. 그런데 당신이 기대했던 점수를 받지 못했다. 당신은 선생님을 찾아간다. 당신이 리포트에서 펼친 논리를 다시 설명하고 선생님의 지도로 더 분석적으로 사고하고 더 논리적으로 글을 쓸 수 있었다고 감사를 표한다. 선생님은 결국 당신의 리포트에 독창적인 아이디어가 있다고 인정하고 과제 점수를 더 높게 정정한다. 당신은 리포트를 몇 부 더 복사해 그날 저녁 식사 자리에 모인 가족들에게 돌리는 것으로 승리를 자축한다.

등장인물 평가하기

자신의 배역을 평가하려 들지 마라. 사람은 누구나 선한 의도로 움직인다. 우리는 모두 매 순간 자신이 옳다고 믿는 일을 한다. 배우인 우리는 어떤 인물이 나쁜 짓을 하고 있다거나 악한 의도가 있다는 것을 알 수도 있다. 그러나 우리가 그 인물을 연기하는 동안에는 스스로 옳다고 믿어야 한다. 어떤 인물은 자신의 의도나 행동을 자각하고 있다. 어떤 인물은 자신이 치명적인 일을 벌이고 있다는 사실을 전혀 모르고 있을 수도 있다. 이런 자각의 정도가 인물에 깊이를 더한다.

영화 <대부>의 마지막에 아내 케이에게 거짓말을 하는 마이클은 자신이 되돌아갈 수 없는 강을 건넜다는 것을 알까? 관객으로서 우리는 아내를 속이는 행위가 부도덕하다는 것을 안다. 배우로 이 인물을 대하는 우리는 이 행위를 기점으로 마이클이 법을 준수하는 도덕적인 시민에서 잔인하고 교활한 마피아 가문의 수장이 된다는 것을 안다. 마이클을 연기하는 배우라면 마이클이 자신의 행위가 잘못되었다는 것을 어느 정도까지 자각하고 있는지 설정해야 한다. 마이클을 연기하는 당신이 마이클을 평가하는 것은 도움이 되지 않는다. 적어도 당신만큼은 마이클이 어쩔 수 없이 그런 입장에 처했고, 자신의 가족을 지키기 위해 이것저것 가릴 처지가 아니라는 것을 이해해야 한다. 가족을 지키기 위해서 아내에게 거짓

말을 해야 한다면 그는 거짓말을 해야만 하는 것이다.

그리고 거기서 한발 더 나아가 자신이 맡은 인물과 사랑에 빠져야 한다. 자신의 배역에게 연민을 느껴야 한다. 당신이 마이클을 연기하는 배우라면 그를 이해하고 애정을 가져야 한다. 마이클이 아주 복잡한 상황에 있으며 자신의 도덕적 잣대를 산산조각 내는 행동을 취할 수밖에 없다는 것을 이해해야 한다.

대본 분석과 리허설

'대본 분석하기'와 '장면 나누기'는 연기 세계에서 흔히 쓰는 용어다. 두 표현은 거의 같은 의미다.

가장 먼저 해야 하는 일은 대본을 되도록 여러 번 읽는 것이다. 대본을 읽는 횟수는 많으면 많을수록 좋다. 대본을 한 번 읽었을 때보다는 오십 번 읽었을 때 인물의 의도를 더 잘 이해할 수 있다.

첫 느낌을 기록해 두자. 등장인물의 내면세계와 목적에 대한 대략적인 생각들이 떠오르기 시작할 것이다. 관계를 분석하고 인물의 신체적 특징도 발견할 수 있을 것이다. 대본을 어느 정도 읽고 검토했다면 혼자 또는 동료와 리허설을 하면서 당신의 아이디어들을 시험해 본다.

리허설 단계에서는 거의 대부분 혼자서 한다. 혼자 리허설을 하면서 아이디어들을 시험한다. 만일 동료 출연진과 리허설을 한다면 당신의 아이디어들을 시험해 보고 가장 나은 것으로 선별할 수 있는 기회이다. 리허설 장소로 가서 당신의 아이디어들을 시험해 보자. 만약 기대했던 결과가 나왔다면 축하할 일이다. 기대와 달랐다면 집에 돌아가서 다른 시도를 해본다. 그 다음 출연진 리허설에서는 새로운 선택을 시험한다. 첫 공연일 또는 첫 촬영일이 왔을 때 당신이 가진 모든 아이디어를 시험했고 이제 그것들이 적절한 선택이라는 확신이 있어야 한다.

대본을 읽는 단계에서는 적어도 한 번쯤 자신의 대사를 손으로 적거나 키보드로 쳐봐야 한다. 이때 문장 부호는 넣지 않는다. 사람들은 평소에 문장 부호에 맞춰 말하지 않는다. 마침표나 물음표가 들어갈 자리라서 말을 잠시 멈추지 않는다. 숨을 고르거나 생각을 정리하거나 감정이 북받칠 때 멈춘다. 문장 부호를 빼는 것은 대사 발화에 패턴이 생기지 않게 하는 아주 좋은 방법이다. 문장 부호가 없으면 당신은 나열된 단어들을 얼마든지 자연스럽게 말할 수 있다. 작가는 대본이 잘 읽히도록 대사에 문장 부호를 넣어야만 한다. 그러나 등장인물의 목소리를 찾고 등장인물의 생각과 감정을 표현할 때는 오히려 걸림돌이 된다. 또 대사를 적을 때 다른 등장인물의 대사는 첫 두세 단어와 마지막 두세 단어만 적자. 상대 배역 대사의 마지막 두세 단어가 당신의 대사 큐 사인이다. 당신이 대사를 말하기 위해서 알고 있어야 하는 상대 배역의 대사는 오직 그 단어들뿐이다. 상대 배역의 대사를 덜어내는 것은 리허설을 할 때도 도움이 된다. 출연진 리허설에서 상대역의 대사를 당신 머릿속으로 반복하지 않고 실제 상대역 배우의 목소리로 듣게 된다. 그래서 한 마디 한 마디 더 집중해서 듣게 된다.

'수영장 쪽으로 천천히 다가간다.' 또는 '유리잔을 집어 던진다'와 같은 무대 지시문은 전부 생략한다. '분노에 차서'나 '옅은 미소를 머금은 채'와 같은 동작 지시문도 전부 생략한다. 대본에 나오는 무대 지시문과 동작 지시문은 특정 공연에서 효과가 있었기 때문에 나중에 보충된 내용일 때도 있다. 그런 지시문은 당신에게는 아무 쓸모가 없다. 일반적으로 극본이나 영화 시나리오에 나오는 무대 지시문과 동작 지시문은 작가의 의도를 이해하는 데 도움이 된다. 하지만 최종적으로 장면을 어떻게 연기할지 결정하는 것은 당신이다. 모든 무대 지시문과 동작 지시문은 삭제하라.

다음은 아주 유명한 햄릿의 대사 "사느냐 죽느냐"이다. 문장 부호가 들어간 가장 일반적인 형태이다. <햄릿>의 오리지널 대본은 전해지지 않고 있다. 현재 우리가 보는 <햄릿>은 수많은 사람, 예컨대 학자들이 적절하다고 생각하는 곳에 문장 부호를 집어넣은 대본이다.

햄릿 사느냐, 죽느냐—그것이 문제로다:
어느 쪽이 더 고귀한가, 난폭한 운명의
돌팔매와 화살을 감내하는 것인가
아니면 파도처럼 밀려드는 고난에 저항하고,
맞서서 끝장을 내는 것인가. 죽는다는 것은—잠드는 것—
모든 것을 끝내는 것; 만일 잠드는 것으로 끝낼 수 있다면
가슴앓이, 그리고 육신이 물려받은
수천 가지 고통을. 그것이야말로
간절히 바라는 결말일 터. 죽는다는 것은—잠드는 것.
잠든다는 것은—아마도 꿈을 꾸는 것; 아, 그것

이 바로 숨은 함정이지

다음은 내가 이 대사를 읽은 뒤 암기하려고 준비했을 때의 모습이다. 셰익스피어 작품을 준비할 때는 당연히 약강오보격iambic pentameter과 운율에 유의해야 한다. 훑어보기는 어느 음절에 강세가 있고 없는지를 파악하는 작업을 말한다. 이런 점을 염두에 두고서 먼저 문장 부호를 뺀 뒤 대사를 암기한다. 훑어보기를 대본 작업 과정에 포함한다면 문장 부호를 제거한 대사를 암기한 후에 문장 부호가 있는 대사를 분석하면 된다. 훑어보기를 하는 사람도 있고 하지 않는 사람도 있다. 여기서 중요한 핵심은 어떤 텍스트이건 문장 부호를 뺀 대사를 보면 큰 도움이 된다는 것이다.

사느냐 죽느냐 그것이 문제로다 어느 쪽이 더 고귀한가 난폭한 운명의 돌팔매와 화살을 감내하는 것인가 아니면 파도처럼 밀려드는 고난에 저항하고 맞서서 끝장을 내는 것인가 죽는다는 것은 잠드는 것 모든 것을 끝내는 것 만일 잠드는 것으로 끝낼 수 있다면 가슴앓이 그리고 육신이 물려받은 수천

가지 고통을 그것이야말로 간절히 바라는 결말일
터 죽는다는 것은 잠드는 것 잠든다는 것은 아마
도 꿈을 꾸는 것 아 그것이 바로 숨은 함정이지

영화 작업에서는 리허설이 거의 없거나 아예 없기도 하다. 특히 영화에 출연할 때는 배우 혼자 아주 폭넓고 집중적으로 작업을 준비해야 한다는 것을 알고 있어야 한다. 보통 촬영장에 도착하면 그날 촬영할 장면을 두세 차례 시연해 본다. 그 다음에 촬영을 시작한다. 리허설을 할 기회가 한 번도 없을 수도 있다. 물론 때로는 리허설을 할 시간이 충분히 주어질 때도 있다. 운이 좋다면 6주의 리허설 기간이 주어지고 동료 출연진과 매주 서너 번 합동 리허설을 할 수도 있다. 메인주에 있는 농가에서 1주일간 합숙을 진행할 수도 있다. 함께 리허설을 하고, 즉흥연기를 하고, 각자 자신이 맡은 등장인물의 관점에서 서로에게 편지를 쓰기도 한다.

대본 분석이 끝난 당신 대본은 다음 페이지에 나오는 대본 샘플과 같은 모습이어야 한다. 모든 메모는 연필로 한다. 그래야 선택을 바꾸고 수정하기가 쉽다.

이 메모 기법은 분량에 상관없이 모든 대본 분석에 적

용할 수 있다. 독백이나 짧은 장면으로 이루어진 단막이나 여러 독백과 장면으로 이루어진 장편의 유일한 차이는 단막에는 전체 목적이 없다는 것뿐이다. 하지만 단막에도 독백이나 장면의 목적은 있다. 그리고 단막의 독백과 짧은 장면은 다시 비트로 나눌 수 있다.

대본 분석 작업은 결코 쉽지 않으며 많은 연습이 필요하다.

형광펜, 연필, 펜

대사를 형광펜으로 칠한다. 이렇게 하면 대사 암기가 쉬워진다는 배우도 있고, 적어도 리허설이나 오디션에서 자신의 대사를 찾는 데 도움이 된다는 배우도 있다.

수업, 오디션, 리허설에 갈 때는 적어도 펜 두 개, 연필 두 개를 가져가자. 심이 부러지거나 잉크가 다 닳을 때를 대비해 비상용 펜과 연필이 필요하다. 언제든 연출자나 교사가 하는 말을 기록할 수 있도록 준비하자. 그때그때 떠오르는 생각들이 휘발되기 전에 기록하자. 오디션에서는 명부에 서명하거나 서류를 작성해야 할 때도 있다. 펜을 사용하자.

대본 분석 예시

목적
- ~~피자 먹기.~~ 엄마한테 피자 얻어내기
- 기분 전환

내면세계
- 댄스 경연 대회에서 졌다.
- ~~크게 실망했다.~~ 비참하다.
- 대회에서 우승한 친구에게 질투를 느낀다.

Scene 3 (마빈이 부엌에 들어온다. 엄마는 책을 읽고 있다.)

행동 → 칭찬하기

마빈

오늘 저녁은 닭고기랑 감자 샐러드죠. 고마워요. 제가 제일 좋아하는 거잖아요.

닭고기랑 샐러드 정말 싫어.

엄마

그래, 다행이네. 기분은 좀 어때?

내면세계

마빈

엄마는 정말 좋은 엄마예요. 엄마가 최고예요.

엄마가 틀렸어요.

엄마

칭찬받으니 좋은데.

마빈

기분이 좀 나아졌어요. 엄마 말이 맞아요. 시간이 필요하겠죠. 이걸로 세상이 끝나는 것도 아니고요. 피자나 한 조각 먹으면서 마음의 상처가 아물길 기다려야죠.

← 비트 기호

엄마

아니, 피자는 안 돼. 곧 저녁 먹을 시간이야.

마빈

조르기

엄마 제발요. 피자는 제가 세상에서 제일 좋아하는 거고, 그러니까 피자를 먹으면 기분이 좀 나아질 것 같아요.

엄마

정말 구차하게, 이렇게까지 해야 하나.

그건 네 누나가 먹을 피자야. 누나 몫을 남겨두겠다고 했단 말이야.

마빈

아, 진짜. 난 왜 이렇게 되는 일이 없을까.

내 인생, 정말 지긋지긋해.

엄마

과장도 정도껏 해.

마빈

죄책감 불러일으키기

전 아무것도 없잖아요. 댄스 경연 대회 접수증이 전부예요. 마침 축구 시합 접수증도 있으니까 두 개를 내 방에 나란히 걸어 두죠, 뭐.

엄마

그만하고 책을 보던지 TV나 봐.

마빈

속이 이상해요. 어지러워요. 아침부터 아무것도 못 먹었어요. 저 혈당인가 봐요. 저 좀 어떻게 해주세요.

겁주기

내가 아프다는 말을 엄마가 믿을 리가 없어.
나라도 안 믿어

리허설 기법

혼자서 그리고 동료 배우와 할 수 있는 리허설 기법은 많다. 먼저 집에서 여기서 다루는 기법을 활용해 보자. 등장인물 연구 작업은 대부분 혼자서 해야 한다. 다른 출연진이 참석하는 리허설은 당신이 한 선택들을 시험하는 자리여야 한다. 다른 배우들과 연기할 때 당신의 선택들이 기대한 효과가 있었다면 다시 혼자서 등장인물의 다른 측면을 연구한다. 만약 당신이 한 선택들이 효과가 없었거나 수정이 필요하다면 집으로 가서 혼자 리허설을 하면서 새로운 아이디어를 시험한다. 여기 몇 가지 리허설 기법들이 있다.

1 **즉흥연기** 즉흥연기는 당신이 등장인물이 되어 머릿속에 떠오르는 대로 말하고 연기하는 것을 말한다. 장면 구조나 대본에 나오는 대사에 얽매이지 않는다. 즉흥연기는 원하는 만큼 오랫동안 지속해도 된다. 즉흥연기는 혼자서도 할 수 있고, 다른 배우와도 할 수 있다.

즉흥연기를 하기 전 등장인물의 내면세계, 목적, 상호작용하는 인물과의 관계나 같은 장면에 나오는 다른 인물과의 관계에서 어떤 측면을 탐색할지 정하자. 즉흥연기의 시간적·공간적 배경은 대본에 나오는 장면과 같다고 설정해도 된다. 그 장면의 전후 시점으로 설정해도 된다. 연극이나 영화에서 연출되지는 않지만 언급되는 사건을 연기해도 된다. 연극이나 영화의 첫 장면 이전이나 마지막 장면 이후의 사건을 연기할 수도 있다.

예를 들어 당신의 극 중 배역이 1년 전 학교에서 많은 사람이 보는 앞에서 넘어져 망신을 당했다는 사실이 언급되었다고 하자. 그 자리에 있었던 모든 사람이 크게 웃었고 사람들은 여전히 그 일을 가지고 당신을 놀린다. 정말 수치스러운 사건이었다. 당신은 그 일로 자존감이 무너졌고 그 뒤로 다시는 넘어지는 일이 없게 늘 조심하고 또 조심한다. 배우인 당신은 당신이 맡은 인물이 신체 동작에 자신이 없다고 구체적으로 설정할 수 있다. 대본에서 주어진 상황을 연구한 당신의 눈에는 그 점이 특히 눈에 띄었다. 이제 당신은 신체 조정 능력이 떨어진다는 느낌을 현실로 만들어내야 한다. 그 현실은 당신이 걷는 방식부터 다른 사람과 상호작용하는 방식까지 당신이 하는 모든 것에 영향을 미친다. 배우인 당신은 이를 현실로 보여주는 방법을 집에서 고민하고 연구해야 한다. 아침에 일어나 하루를 시작하면서 서투르게 움직이지 않기 위해 조심조심하는 움직임들을 해본다. 무엇보다 넘어지지 않게 조심하는 동작들을 해본다. 책장을 정리해 본다. 사다리를 타고 균형을 잃지 않도록 주의하면서 맨 꼭대기 선반까지 올라간다. 책들을 뽑아 층층이 포갠 다음 방 건너편으로 옮겨본다. 운동복으로 갈아입는다. 조깅을 하러 나간다. 뒤로도 뛰고 옆으로도 뛴다. 당신이 배우로서 할 수 있는 일은 무궁무진하다. 당신의 목표는 신체 동작의 조정에 자신이 없다는 감정을 구체적인 현실로 나타내는 것이다. 또한 움직임이 어설픈 것을 신체적인 동작으로 보여줘야 한다. 즉흥연기에서 시도해 본 것들을 선택해서 다른 배우와 리허설을 할 때 흥미로운 그림이 나오는지 확인해 보자. 만약 기대한 효과를 얻었다면 등장인물의 다른 측면이나 특징으로 넘어가자. 이제 등장인물을 연기할 때 보여줄 수 있는 동작이 준비되었다. 또한 대본에는 나오지 않는 등장인물의 일상 경험도 만들어졌다. 조깅 중에 실제로 넘어졌다면 이 경험은 분명 당신의 캐릭터 분석에도 도움이 될 것이다.

2 **대사 바꿔 표현하기** 대사 바꿔 표현하기는 장면의 구조는 그대로 따르되 대사를 대본에 적힌 그대로 발화하지 않는 것을 의미한다. 대본에 쓰인 대사에 가깝게, 그러나 당신이 평소에 쓰는 말로 바꿔 말한다. 집에서 혼자 연습할 때는 상대 배역이 있다고 가정하고 그 인물과 대화를 나눈다.

3 **내적 독백** 즉흥연기나 대사 바꿔 표현하기를 할 때는 인물의 내적 독백을 입 밖으로 소리 내 말해도 된다. 내적 독백은 등장인물을 연기하면서 그 인물의 생각과 감정을 입 밖으로 소리 내 말하는 것이다. 등장인물이 된 당신이 경험하는 것이나 당신의 목적을 크게 말한다. 당신이 다른 인물에게 느끼는 감정이나 다른 인물에 대한 당신의 생각을 이야기한다. 간단히 말해 당신이 연기하는 인물과 주어진 상황을 모든 각도에서 샅샅이 탐색하는 것이다.

예를 들어 뭘 하건 어설픈 남자를 연기하게 되었다면 집에서 리허설을 하면서 설거지를 해볼 수도 있다. 내가 맡은 인물의 목적을 연구하기 위한 방편으로 설거지라는 활동을 하는 것이다. 설거지 활동은 이런 식으로 진행될 수 있다. 설거지를 하면서 모든 생각과 감정을 입 밖으로 소리 내 말한다.

"모두들 내가 어설프대. 나는 어설프지 않아. 오히려 난 운동신경이 아주 뛰어난걸. 지난 사흘간 한 번도 넘어지지 않았잖아. 하긴, 조금 어설픈 데가 있을지도 몰라. 늘 여기저기 부딪히고, 걸려 넘어지고, 공도 잘 못 잡고. 내 손이 내 맘대로 움직이지 않을 때도 있고, 뭔가에 발이 걸려 넘어졌는데 왜 그렇게 됐는지도 모르겠고. 지금 이 접시는 깨지 말자. 깨지 말자. 깨지 말자. 조심조심 다루라고. 마음을 차분하게 하고 접시를 조리대에 아주 조심해서 올려놓자. 잘했어. 그것 봐. 나도 우아하게 움직일 수 있다고. 신체 동작 능력을 키워야지. 신체 능력을 키우기 위한 훈련을 규칙적으로 해야겠어. 내가 절대로 어설프지 않다는 것을 모두에게 보여주겠어. 와, 흥분되는데. 심장이 두근거려. 힘이 넘쳐. 다시는 제니가 날 비웃지 못하게 하겠어. 제니와 친해지고 싶고, 제니에게 놀림받는 건 정말 싫어. 제니와 모두에게 똑똑히 보여주겠어. 난 절대 어설프지 않다고."

다른 배우와 함께하는 리허설에서도 내적 독백을 발화할 수 있다. 물론 다른 배우가 당신이 내적 독백을 소리 내 말하고 있다는 것을 알고 있어야 한다. 또 내적 독백의 초점을 등장인물의 목적에 맞추더라도 즉흥연기를 하는 동안에는 등장인물의 다른 측면도 탐색한다. 등장인물의 목적, 내면세계, 다른 인물과의 관계가 더 명확해지기도 한다. 한 가지에 초점을 맞추더라도 그 초점은 시작점 역할을 하는 것이다.

내적 독백을 배우인 당신이 경험하고 있는 것을 소리 내 말하는 기회로 삼을 수도 있다. 예를 들어 리허설 중에 당신이 이렇게 말했다고 하자. "뭔가 문제가 있어. 난 이 인물이 이해가 안 가. 이 인물이 왜 여기 있는지도 모르겠어. 왜 그냥 나가 버리지 않는 거지? 그 이유부터 알아야 해." 물론 다른 배우와 연출자가 참여하는 리허설이라면 당신이 이런 식으로 내적 독백을 사용할 계획이라는 것을 미리 알리고 허락도 구해야 한다.

4 이외에도 등장인물이 되어 **일기 쓰기**나 **등장인물로 인터뷰하기** 등 지난 몇 년간 연기 교사와 배

우들이 개발한 효과적인 리허설 기법들이 더 많이 있다.

동선 긋기

동선 긋기, 즉 블로킹blocking은 무대나 영화 촬영지에서 언제, 어디로 움직일지를 정하는 과정을 의미한다. 또 소품 사용과 관련된 것들도 포함된다. 어떤 연출자는 모든 동선을 종이에 그려가며 어떻게 움직이라고 지시한다. 어떤 연출자는 리허설에서 당신에게 자유롭게 움직이라고 하고서 뭐가 더 좋은지 지켜보기도 한다. 두 가지 방식을 섞어서 하기도 한다. 블로킹에 정답은 없다. 보통 개막 공연일이나 첫 촬영일에는 동선이 확정되어 있고 당신은 이를 완벽하게 외우고 있어야 한다.

무대에서 연기를 한다면 위우측이나 아래좌측이라고 지시했을 때 어디를 의미하는지 알아야 한다.

대본에 동선을 메모할 때는 다음과 같이 표기한다.

아래우측Downstage Right-DR

위좌측Upstage Left-UL

사실 대본에 어떻게 표기하는지는 중요하지 않다. 자신이 표기한 것을 자신이 알아볼 수만 있으면 된다.

무대 도식

제4의 벽

제4의 벽은 막이 내려오는 무대 앞쪽에 있다고 가정하는 가상의 벽이다. 당신과 관객을 나누는 구분선이기도 하다.

연극이나 장면의 공간적 배경이 실내라면 제4의 벽은 극적 장소와 외부를 차단하는 가상의 벽이 된다. 만약 공간적 배경이 실외라 하더라도 제4의 벽은 여전히 가상의 선으로 존재한다. 그 선은 극장의 뒷벽까지일 수도 있다. 실외의 장소라면 극장의 뒷벽이 무대의 지평선이다.

공간적 배경이 실내이건 실외이건 관객 쪽을 바라보는 당신의 시선은 관객의 머리 위를 향해야 한다. 관객과 시선을 마주쳐서는 안 된다. 대본에 관객과 시선을 맞추라거나 관객에게 말을 걸라는 지시문이 있다면 그런 지시문은 제4의 벽을 무너뜨린다. 카메라를 똑바로 응시하면서 말할 때도 제4의 벽을 깨는 것이 된다.

눈속임

눈속임cheating out은 관객이나 카메라가 당신을 볼 수 있는 위치를 잡는 것을 말한다. 옆쪽에 있는 상대 배우를 향해 말할 때 관객이나 카메라를 등지거나 똑바로 보는 대신 관객이나 카메라가 당신을 볼 수 있도록 살짝 편법을 쓰는 것이다. 항상은 아니더라도 거의 대부분 눈속임을 하게 된다.

당신이 무대를 가로질러 가서 몸을 돌릴 때 관객 쪽으로 도는 것도 눈속임이다. 무대 뒤쪽으로 몸을 돌리는 일은 없다.

상대 배우에게 말할 때 항상 그를 보면서 말해야 하는 것은 아니다. 당신은 무대 아래우측Downstage Right에 있는데 상대 배우가 무대 위중앙Up Stage에 있다고 해보자. 그럴 때는 제4의 벽을 바라보면서 대사를 발화할 수 있다. 가끔 상대 배우 쪽으로 몸을 돌릴 수는 있다. 하지만 대사를 하는 내내 관객에게 등을 돌리고 상대 배우를 바라볼 수는 없는 노릇이다. 만약 그렇게 했다면 이는 배우 스스로 업스테이징upstaging을 했다고 간주된다. 일반적으로는 대사를 주고받는 배우와 같은 구역에 있는 것이 가장 이상적이고, 적어도 비슷한 선상에 있는 것이 좋다.

당신이 업스테이지에 있고, 상대 배우가 다운스테이지에 있다면 당신은 상대 배우가 업스테이징을 하도록 만든 것이다. 상대 배우가 당신을 향해 몸을 돌릴 수밖에 없도록 강제하는 입장이기 때문이다. 상대 배우가 당신을 향해 몸을 돌린다면 그는 업스테이징을 한 것이다. 일반적으로 배우가 관객에게 등을 돌리고 업스테이징을 하는 장면은 보기에 좋지 않다.

눈속임과 업스테이징에 관한 규칙이 절대적인 것은 아니다. 예외도 있다.

그러나 스스로 업스테이징을 하거나 상대 배우가 업스테이징을 하게 만드는 상황을 본능적으로 피할 수 있어야 한다.

업스테이징과 유사한 상황으로 당신이 동작을 하거나 대사를 할 때 무대 위에 있는 다른 배우가 동작이나 대사를 하는 경우를 들 수 있다. 이 또한 스포트라이트를 훔치는 행위로 분류된다. 공연이나 촬영 중에는 자신의 배역과 하나가 되어야 하지만 다른 등장인물의 스포트라이트를 빼앗아서는 안 된다.

연출자

연출자의 주요 임무 중 하나는 배우에게 영감을 불어넣고 격려하는 것이다. 작품과 배역에 관한 당신의 해석이 연출자와 일치한다면 가장 이상적일 것이다. 가능하면 배역을 맡기 전에 연출자와 당신의 해석이 일치하는지 알아봐야 한다. 물론 늘 그렇게 할 수 있는 것은 아니다. 연출자와 당신의 견해가 다르면 함께 작업하기가 매우 힘들어진다. 연출자가 자신의 견해를 강요한다면 결과물은 엉망이 될 것이다. 만일 작업 환경이 우호적이지 않더라도 어떻게든 최선의 결과물을 내도록 노력하자. 아직 젊고, 막 배우 생활을 시작했다면 주어진 출연 기회를 거절할 수 없는 것이 현실이다. 배우로서 경력이 쌓이면 출연할 작품과 함께 작업할 사람을 조금 더 까다롭게 고를 수 있게 될 것이다.

연기 기법

7장

대사 암기

암기력이 뛰어나다면 대본을 한 번만 읽어도 대사가 머리에 쏙쏙 박힐 수도 있다. 그렇다면 큰 노력 없이도 대사를 줄줄 읊을 수 있을 것이다. 당신이 암기력에 문제가 있다면 해볼 수 있는 여러 암기법들이 있다. 대본을 반복해서 읽는 것도 도움이 된다. 다음은 배우들이 자주 활용하는 암기 기법들이다.

1 대사를 읽은 다음 대본을 보지 않고 대사를 큰 소리로 말한다. 혼자서 해도 되고, 누군가와 함께 해도 된다.

2 대본을 종이로 가린다. 상대 배우의 대사를

눈으로 읽는다. 그리고 그 다음에 나올 당신 배역의 대사를 외워서 말한다. 그리고 상대 배우의 다음 대사가 보일 때까지 종이를 밑으로 내려 반복한다.

3 상대 배우의 대사를 손으로 적거나 치면서 당신 대사 자리는 비워둔다. 비워둔 자리에 대사를 외워서 적어 넣는다. 당신 대사가 독백이라면 대사 전체를 죽 손으로 적어본다.

4 상대 배우의 대사를 녹음한다. 당신이 대사를 말할 수 있도록 간격을 둔다. 녹음한 파일을 틀고 상대 배우 대사 다음의 빈 구간에서 당신 대사를 말한다. 막힘없이 대사를 말할 수 있을 정도로 완벽하게 암기했는지 확인한다.

5 대본을 장면 단위로 나눠 한 장면씩 벽에 붙인 후에 큰 소리로 읽는다. 이유는 모르겠지만 똑바로 서서 대본을 큰 소리로 읽으면 암기에 도움이 된다.

6 아침에 눈을 뜨자마자 가장 먼저 대본을 보고, 잠자리에 들어서 눈을 감기 전에 대본을 본다. 하루 종일 되도록 가능한 많이 대본을 읽는다.

7 위의 방법들을 실천하도록 돕는 앱도 있다.

핵심은 대사를 달달 외워서 연기를 할 때 대사가 무엇인지 생각할 필요가 없게 만드는 것이다. 연기를 할 때는 다음에 무슨 대사를 해야 하는지 생각하는 대신에 왜 그 대사를 말하는지를 생각해야 한다.

대사를 암기하는 것이 어렵게 느껴진다면 암기력을 키우는 것이 급선무다. 상업 연극, 영화 작업에서는 배우가 대사를 완벽히 암기한 것이 기본이고, 때로는 처음 보는 대사를 짧은 시간 안에 외워야 할 수도 있다. 언제든 대사가 삭제되거나 덧붙거나 수정될 수 있다.

암기력은 독백이나 시 등 종류와 관계없이 당신 마음에 드는 짧은 글을 외우면서 기를 수 있다. 처음에는 아주 짧은 글을 외워서 하루에 여러 번 암송하는 연습을 해보자. 그 글을 1주일 동안 매일 암송한다. 그 다음에는 조금 더 긴 글을 암기하고, 외우는 데 걸리는 시간을 조금씩 줄여나간다. 셰익스피어 작품을 발췌해 1년 동안 암기 연습을 한다면 인류의 가장 위대한 작품 중의 하나를 외우게 되는 것이며 평생 언제든 필요할 때 이용할 수 있다. 처음에는 간단하고 단순한 글로 시작하고, 암기력이 좋아지면 글의 수준도 조금씩 높여가자.

암기력이 좋건 나쁘건 대사를 암송할 때는 일정한 리

듬을 타지 않도록 주의해야 한다. 자신도 모르게 리듬을 타는 것을 피하기 위해 대사는 아무 특색 없이 무미건조하게 암기하거나 암송해야 한다. 역설적이게도 암기를 잘하는 사람은 자신도 모르게 리듬에 맞춰 암송하는 경향이 있어서 고생하기도 한다. 그런 경우에는 리듬을 타지 않도록 의식적으로 노력해야 한다.

호흡

배우는 대사를 발화하면서 상대가 들을 수 있는 크기로 말한다. 그는 호흡을 조절한다. 호흡이 곧 배우의 능력이다.

호흡을 자유자재로 조절하려면 횡격막 호흡을 해야 한다. 횡격막은 허파 아랫부분에 있는 근육이다.

호흡 훈련

횡격막을 활성화하기 위해 아래와 같은 방법으로 훈련한다.

1 바닥에 등을 대고 눕는다.
2 무릎을 펴거나 직각으로 굽힌다.

3 한 손은 배에 얹고 다른 한 손은 가슴에 얹는다.

4 코나 입으로 숨을 들이마신다.

5 숨을 들이마실 때 배에 얹은 손이 올라가는 것이 느껴져야 한다. 가슴에 얹은 손은 가만히 있어야 한다.

6 코나 입으로 숨을 내쉰다.

7 숨을 내쉴 때 배에 얹은 손이 내려가는 것이 느껴져야 한다. 숨을 들이마실 때 허파에 공기가 채워진다. 숨을 내쉴 때 허파에서 공기가 빠져나간다.

8 숨을 들이마시고 내쉬기를 10번 반복한다. 이를 1세트로 2~3세트를 실시한다.

9 집중력을 유지하면서 놓치지 않고 숫자를 잘 셀 수 있는가? 숫자를 놓치면 처음부터 다시 시작하자.

10 숨을 들이마셨다가 내쉴 때 소리를 내보자. "아—" 소리를 낸다. 그 소리는 횡격막에서부터 나와야 한다. 가슴이나 목에서는 떨림이 거의 느껴지지 않아야 한다.

11 이런 호흡 방식에 익숙해질 때까지 숨을 들이마시고 내쉬는 것을 반복한다. 이미 자연스럽게 횡

격막 호흡을 하고 있는 사람도 있다. 반면에 횡격막 호흡을 제대로 하려면 별도의 훈련이 필요한 사람도 있다.

횡격막 호흡에 익숙해지면 다음 훈련으로 넘어간다.

1 똑바로 선 자세로 횡격막 호흡을 실시한다.

2 천천히 숨을 들이마시면서 10까지 센다. 천천히 숨을 내쉬면서 다시 10까지 센다. 원하는 만큼 반복한다.

3 10까지 숫자를 센다. 숫자 하나하나를 똑똑히 발음하면서 센다. 숫자를 말하면서 입술을 한껏 늘린다. 원하는 만큼 반복한다.

4 10까지 숫자를 센다. 소리의 높낮이를 바꿔본다. 높은 음에서 시작해 점점 낮춘다. 낮은 음에서 시작해 점점 높인다. 높은 음으로 소리를 냈다가 낮은 음으로 소리를 냈다가 하면서 높낮이를 계속 바꾼다. 원하는 만큼 반복한다.

5 숨을 들이마신 뒤 숨을 다 내뱉을 때까지 천천히 숫자를 센다. 숨이 막힐 것 같다 싶을 때 숫자

를 하나라도 더 세려고 애쓰거나 쥐어짜지 말고 그 상태를 유지하자. 숨을 더 이상 내쉴 수 없는 순간이 언제쯤 오는지 잘 기억하자. 숨이 모자란다는 느낌이 들면 숨을 들이마시고서 숫자를 처음부터 다시 세거나 앞서 세던 숫자를 이어서 세자.

핵심은 호흡을 조절하는 것이다. 한 번 숨을 들이마신 다음 되도록 오랫동안 숫자를 세어보자. 그러나 숫자를 빨리 세거나 무조건 많이 세려고 무리하면 안 된다. 훈련을 통해 점점 더 많은 숫자까지 셀 수 있게 될 것이다.

6 숨을 들이마신 다음 10 이상의 숫자까지 세어보자. 숫자를 세면서 소리의 크기를 바꿔본다. 500석 규모 극장의 무대에 섰다고 생각해 보라. 카메라 앞에서 클로즈업 숏을 찍고 있고 얼굴에서 30센티미터 떨어진 곳에 마이크가 있다고 생각해 보라.

7 숨을 들이마신 다음 연설문, 책의 일부, 잡지의 일부를 소리 내 읽거나 머리에 떠오르는 대로 떠들어 보자. 글을 읽거나 말을 하는 동안 자유롭게 숨을 들이마시고 내쉬어 보라.

호흡을 가지고 이런저런 실험을 해보자. 한 번의 호흡으로 얼마나 오랫동안 말할 수 있는지 알아보자. 짧은 호흡을 여러 번 하면서 그 호흡을 자유자재로 조절할 수 있는지 알아보자.

목표는 의식하지 않고도 늘 자연스럽게 횡격막 호흡을 하는 것이다. 평상시에 생활할 때도 횡격막 호흡을 연습하자.

연기를 할 때는 호흡에 신경 쓰면 안 된다. 그 순간에 존재해야 한다. 산소가 필요해서 숨을 들이마셔야 한다면 숨을 들이마셔라. 감정이 격해져서 한 호흡에 엄청난 양의 정보를 내뱉어야겠다는 충동이 느껴진다면 그렇게 하자. 한 번에 짧은 분량의 정보를 소리 지르듯 뱉어내야 한다면 이제는 그렇게 할 수 있다.

중심 잡기

중심을 잡는다는 것은 몸 전체가 긴장에서 벗어난 상태를 의미한다. 당신의 몸이 균형을 찾은 것이다. 당신의 몸과 성대가 무엇이든 할 준비가 되어 있다.

중심 찾기

중심을 찾아야 한다면 다음 지시 사항을 따르자.

1 골반 너비로 두 발을 벌리고 선다.

2 눈을 감는다.

3 두 팔은 자연스럽게 내린다.

4 발 앞쪽에 체중을 싣는다. 엄지발가락에 무게가 실리는 것을 느껴라.

5 무릎에 힘을 잔뜩 주었다가 뺀다. 무릎에 힘을 잔뜩 주었다가 뺀다. 무릎에 힘을 잔뜩 주었다가 뺀다. 무릎에 힘을 뺀 상태로 둔다.

6 턱이 가슴을 향하도록 고개를 떨어뜨린다.

7 한 번에 척추뼈를 하나씩 구부린다고 생각하면서 천천히 등을 굽혀 상반신을 앞으로 떨어뜨린다. 허리쯤에서 몸을 반쯤 접은 상태가 될 것이다. 머리끝이 바닥을 향하도록 한다. 팔은 허공에 떠 있거나 손등이 땅에 닿아 있어야 한다. 일부러 손으로 바닥을 짚으려고 하지 말자. 유연성 테스트가 아니다.

8 무릎은 여전히 힘을 뺀 상태여야 한다. 허리 뒤쪽이 당기면서 쭉 펴진 느낌이 들 것이다.

9 머리를 받치려고 목에 힘을 잔뜩 주고 있지는 않은가. 만약 그렇다면 목에 힘을 빼자.

10 손가락을 흔들어 보라. 손을 흔들어 보라. 팔을 흔들어 보라.

11 상반신을 양옆으로 천천히 흔들어 보라.

12 흔드는 것을 멈춰라.

13 숨을 내쉰다. 숨을 들이마시고 내쉬기를 원하는 만큼 반복하라.

14 준비가 되었다면 상반신을 일으킨다. 한 번에 척추뼈를 하나씩 올린다는 느낌으로 천천히 일어나 똑바로 선다.

15 무릎은 여전히 힘을 뺀 상태여야 한다.

16 골반이 두 다리 위에 편안히 놓여 있는 느낌이어야 한다.

17 어깨를 쫙 펴거나 등이 굽어 있으면 안 된다.

18 턱을 내밀거나 당기고 있으면 안 된다.

19 머리가 어느 쪽으로도 치우치지 않고 척추 위에 놓여 있는 느낌이어야 한다.

20 입을 꽉 다물고 있으면 안 된다.

21 숨을 들이마시고 내쉰다.

목표는 등을 구부렸다가 다시 펴지 않고도 중심을 찾을 수 있는 단계에 이르는 것이다. 등을 구부렸다가 다시 펴면 개운할 수는 있지만 훈련을 통해 일부러 그렇게 하지 않고도 중심을 찾을 수 있는 단계에 이르는 데 있다. 일상생활을 하면서 늘 중심을 잡은 상태를 유지하라. 신경 쓰지 않아도 자연스럽게 그런 상태를 유지할 수 있어야 한다.

중심 잡기와 횡격막 호흡은 아주 밀접한 관련이 있다. 횡격막 호흡을 하지 못하면 중심을 잡을 수 없고, 중심을 잡지 못하면 횡격막 호흡을 할 수 없다.

이완과 집중

이완과 집중은 연기의 토대가 되는 두 가지 요소다.

이완

연기할 때 우리 몸은 이완된 상태다. 긴장에서 완전히

벗어난 상태다. 몸에 불필요한 에너지가 차 있는 상태가 긴장 상태다.

걸어 다닐 때 우리 몸은 어느 정도 긴장한 상태다. 좋은 소식이나 나쁜 소식, 즐거운 상황이나 불편한 상황, 신나는 사건이나 끔찍한 사건에 대한 반응으로 근육에 힘이 들어간다. 이것은 우리 몸이 보이는 자연스러운 현상이다.

배우인 우리는 긴장을 풀 줄 알아야 한다. 그래야 자신이 연기하는 등장인물이 경험하는 것을 마음껏 표현할 수 있다.

집중

우리는 언제든 집중하고 그 상태를 완벽하게 유지할 수 있어야 한다.

배우의 집중력은 정교하다. 리허설과 공연, 촬영 중에는 자신이 맡은 등장인물, 주어진 상황, 등장인물의 관계와 관련해서 자신이 정한 선택들을 흔들림 없이 유지할 수 있을 정도로 집중력이 뛰어나다. 배우는 자신의 집중력에 대한 확신이 있기 때문에 자신의 선택들에 일일이 매달리는 대신 안심하고 그 순간에 존재할 수 있다.

이완과 집중력 훈련

긴장을 풀고 집중하는 데 도움이 되는 훈련이다.

1 중심을 찾는다. 숨을 들이마시고 내쉰다.

2 눈은 계속 감고 있는다.

3 오늘 아침에 잠에서 깼을 때부터 지금까지 있었던 일을 차례로 떠올린다.

4 당신이 생각하고, 만지고, 맛보고, 냄새 맡고, 들은 모든 것을 떠올린다. 되도록 구체적으로 그려 본다.

5 지금 이 순간 들리는 소리에 귀를 기울여라. 그 소리를 받아들여라. 이 훈련을 하는 동안 새로운 소리가 들릴 수도 있다는 사실을 받아들여라. 수업 중에, 리허설 중에, 오디션 중에, 공연 중에 뜻밖의 소리가 들릴 수도 있다는 사실을 받아들여라. 바닥이 흔들리거나 천장이 떨리는 것을 느낄 수도 있다. 음식 냄새를 맡을 수도 있다. 누군가 움직이는 게 시

야에 들어올 수도 있다. 어떤 일이든 일어날 수 있다. 그 사실을 받아들여라.

6 지금 당신 기분은 어떤가? 기분이 좋은가? 기분이 나쁜가? 더운가? 추운가? 피곤한가? 배가 고픈가? 어딘가 아프거나 통증이 느껴지지는 않는가?

7 남은 하루는 어떻게 보낼 예정인가? 무엇을 먹을 생각인가? 갈 곳이 있는가? 무언가 기대되는 일이 있는가? 무언가 걱정되는 일이 있는가?

8 지난주는 어땠는가? 좋은 일이 있었는가? 뜻대로 되지 않은 일이 있었는가?

9 내일은 무엇을 할 예정인가? 내일이 기대되는가? 내일이 오는 게 두려운가?

10 평소에 어떤 생각에 빠져 있는가? 특별히 기대되는 일이나 즐거운 일이 있는가? 특별히 걱정되는 일이나 불안한 일이 있는가?

11 지금까지 당신의 주의를 흐트러뜨릴 만한 것들을 상당히 많이 언급했다는 것을 이해해야 한다. 이런 것들은 나중에 생각해도 된다는 것을 기억하자. 수업이 끝난 후, 리허설이 끝난 후, 오디션이 끝난 후, 공연이 끝난 후에 저녁으로 무엇을 먹을지 고

민하고, 당신이 피하고 싶은 일에 대해 구체적으로 생각해도 된다. 당신이 마음만 먹으면 원하는 만큼 오랫동안 집중력을 유지할 수 있다.

12 연기하는 동안 그 순간에서 멀어지게 만드는 생각들, 즉 방해꾼이 끼어들 수 있다. 이런 일은 어쩔 수 없이 일어나곤 한다. 그런 생각들이 연기에 도움이 될 수도 있고 그 순간에 충실할 수 없도록 방해할 수도 있다. 그러나 이 훈련을 통해 당신 뇌는 지금 당신에게 일어나고 있는 일들을 한 번씩 짚어 보았다. 당신의 뇌는 현재 당신의 상태에 대해 알고 있다. 이제 당신은 그런 방해꾼이 나타나더라도 방해꾼과 함께 떠나는 대신 연기하는 그 순간에 머물면서 매 순간을 충실하게 경험할 준비가 되었다.

원한다면 이 훈련을 여기에서 정리한 그대로 따라 해도 좋다. 또는 당신의 현재 상황에 맞게 순서나 표현을 바꿀 수도 있다. 혼자 있을 때 자신에게 들려줄 수 있도록 이 내용을 녹음 파일로 만들어 두자.

긴장 이완 훈련

긴장을 풀어야 할 때 다음과 같이 해보자.

1. 중심을 찾는다.
2. 발가락에 힘을 주고 잔뜩 오므린다.
3. 종아리에 힘을 주고 근육을 수축한다.
4. 허벅지에 힘을 주면서 근육을 수축한다.
5. 엉덩이에 힘을 꽉 준다.
6. 배에 힘을 준다.
7. 가슴에 힘을 준다.
8. 손에 힘을 주고 주먹을 쥔다.
9. 아래팔에 힘을 준다.
10. 위팔에 힘을 준다.
11. 어깨에 힘을 준다.
12. 목에 힘을 준다.
13. 얼굴에 힘을 주면서 잔뜩 찌푸린다.
14. 몸 전체에 힘을 준다.
15. 몸 전체에서 힘을 탁 뺀다.
16. "아—" 소리를 내면서 길게 숨을 내쉰다.
17. 발가락부터 시작해 얼굴까지 힘주기를 다시

한다. 힘을 뺀다. "아—" 소리를 내면서 숨을 내쉰다.

준비하기

리허설, 오디션, 공연 전에 몸과 마음을 준비하고 성대를 풀어라. 집에서, 학교에서, 극장에서, 세트장에서 해라. 준비하는 데 30분이 걸릴 수도 있고, 5분이면 충분할 수도 있다.

1 중심을 찾는다.
2 이완과 집중 훈련을 한다.
3 긴장을 푼다.
4 발성 연습을 한다.
5 등장인물에 몰입한다.
  a 당신이 한 선택들을 떠올린다.
  b 당신이 등장인물의 내면세계를 체화하는 데 도움이 되는 것들을 떠올린다.

효과적인 이완, 집중, 발성 훈련법은 많다. 대부분은 여러 가지를 섞어서 활용한다. 결국 당신 마음에 들고 당신에게 맞는 훈련법을 찾는 것이 중요하다.

배우의 지도

아래 그림은 배우와 연기의 예술적인 측면을 구성하는 핵심 요소들을 뽑아 배치한 것이다. 이것을 '배우의 지도'라고 부른다.

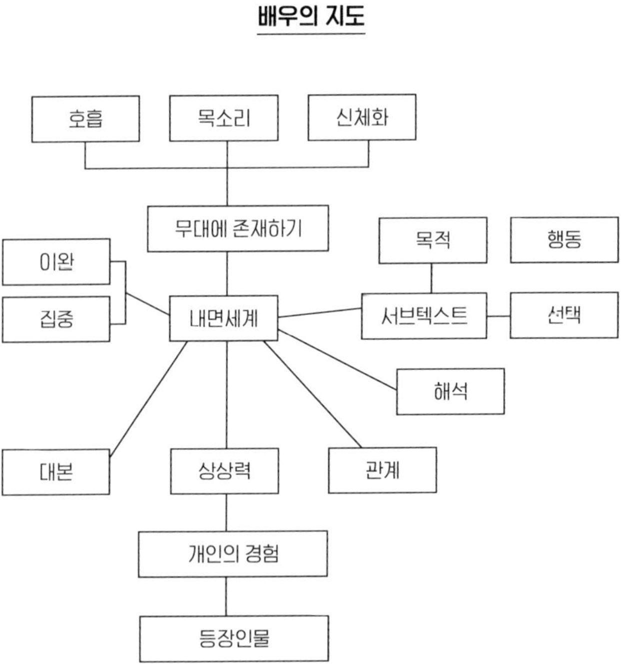

"어디서부터 시작해야 할까?"

근본적인 질문은 "어디서부터 시작해야 할까?"이다. 이것은 배우가 무대에 서서 공연을 시작한 이래로 늘 논쟁의 대상이었다. "등장인물의 내면세계를 창조해야 할까?" 아니면 "등장인물의 목적, 관계, 신체적 특징을 연구해야 할까?" 어디서부터 시작할지를 결정하는 것보다 더 근본적인 문제는 "무엇이 가장 중요한가?"이다.

배우, 연출자, 연기 교사, 연기 이론가를 붙잡고 물으면 백 명이면 백 명 다 다르게 답할 것이다. 결국 배우 각자가 이런저런 시도를 하면서 자신만의 답을 찾아야 한다. 어떤 배우에게는 정답인 것이 다른 배우에게는 정답이 아닐 수 있다.

연기 기법

기원전 500년 고대 그리스 작가 테스피스Thespis는 최초로 배우를 무대에 올렸고, 그 후로 사람들은 연기 이론을 내놓고 연기 기법에 관한 논쟁을 벌였다. 아리스토텔레스, 프랑수아 델사르트Francois Delsarte, 콘스탄틴 스타니슬랍스키Konstantin Stanislavsky, 프세볼로트 메이예르홀트Vsevolod Meyerhold, 리 스트라스버그Lee Strasberg, 스텔라 애들러Stella Adler, 샌퍼드 마이스너Sanford Meisner 등 많은 이들이 연기 이론을 펼쳤다. 때때로 합의가 되기도 했지만 대부분 각기 다른 주장을 했다. 논쟁의 핵심은 배우가 등장인물을 살아 있게 하려면 어떻게 해야 하는가이다. 배우가 등장인물에 대한 상상력을 자신의 과거 경험에서 뽑아내야 한다는 이도 있다. 배우가 상상력을 동원해 세세한 부분들을 무에서 창조해야 한다는 이도 있다. 두 가지 방법을 병행하는 것이 효과적이라는 이도 있다. 가짜 코를 붙이고 가발을 뒤집어쓰는 것으로 배역과 하나가 될 수 있다고 믿는 이도 있다. 배우가 장면이나 대본을 읽는 것만으로도 등장인물을 이해하고 영감을 받아 표현할 수 있다고 주장하기도 한다. 이 모든 방법, 그리고 이 책에는 나오지 않는 방법까지도 전부 통합해서 활용해야 한다고 주장하기도 한다.

거의 모든 사람이 동의하는 것이 한 가지 있다면 그것은 사실적이고 실감 나는 말과 동작으로 등장인물을 살아 있게 하는 것이 배우의 임무라는 점이다.

모든 것을 조합해서 앞으로 나아가기

이 책에서 소개한 훈련법은 당신이 아주 단순한 대화

문으로 등장인물을 탐색할 수 있도록 설계되었다. 대담한 선택을 하고 그 선택을 실행하는 것에 익숙해지면 (그리고 그 과정을 완벽하게 자기 것으로 소화까지 했다면) 이제는 더 복잡한 대화문을 가지고 작업할 차례다. 다음 단계는 작가의 의도를 파악하는 능력을 키우는 것이다. 당신의 임무는 작가의 의도를 파악한 다음 당신만의 독창적인 해석을 내놓는 것이다. 당신의 해석이야말로 당신을 진정한 배우로 만들어주는 요소 중 하나다.

대본 분석하기, 등장인물 분석하기 등 이 책에서 다룬 여러 개념과 지침들이 지나치게 학문적이고, 지나치게 학술적이고, 너무 분석적이고, 어쩌면 도식적으로도 여겨질 수 있다. 일부 개념과 지침이 배우의 즉흥성과 직관력을 억누른다고 생각할 수도 있다. 당신이 훈련을 하고 어느 정도 시간이 지나면 이런 연기의 기본적인 측면을 잘 이해하게 되고 연기 과정 전체가 점점 더 자연스럽게 굴러갈 것이다. 당신의 즉흥성과 직관력이 제대로 기능하기 위해서는 적어도 당신이 맞는 방향으로 가고 있다는 것을 알 수 있어야 한다. 예를 들어 어느 정도 훈련이 되면 당신은 대본 분석 작업을 할 때 모든 선택을 일일이 적어서 기록하는 것이 당신에게 잘 맞는다고 판단할 수 있다.

앞으로는 언제나 그런 전략을 쓰기로 마음먹을 수도 있다. 또는 당신의 선택을 굳이 기록할 필요는 없으며 머릿속에 정리하는 것으로 족하다고 생각할 수도 있다. 모든 배우는 대개 자신만의 방법을 만들어낸다. 만약 대본을 분석해 세세하게 적는 방법을 택한다면 배역의 청사진을 만드는 것이라고 보면 된다. 아직 확정된 것은 없다. 리허설 과정에서 새로운 발견을 하고 선택을 수정할 여지는 얼마든지 있다. 전체적인 과정에서 당신의 직관이 안내자 역할을 할 것이다. 그러나 당신의 직관을 의식하고 있어야 하고 당신의 직관이 진정한 예술 표현으로 당신을 이끌고 있다는 확신이 있어야 한다.

이 책은 연기 기술을 제시하지는 않는다. 이 책에 어디에서도 살아 있는 연기를 하는 법을 콕 집어 자세히 설명하지 않았다. 여기서는 대다수 연기법이 적용하는 주요 개념들을 소개했을 뿐이다. 당신이 등장인물의 말과 동작을 창조할 수 있도록 당신의 상상력을 발휘하는 길을 안내했을 뿐이다. 과거 경험을 재료 삼아 상상해도 좋고, 구체적인 사항들을 무에서 창조해도 좋고, 이 두 가지 모두를 해도 좋다. 내면세계, 목적, 서브텍스트 부분에서 나는 '허기를 창조하라'고 말했다. 진짜 중요한 문제는 "허기를 어떻게 창조하는가?”이다. 이것은 테스피스 이후 많은 연기 이론가들이 고민하고 논쟁을 벌인 문제이기도 하다. 여기서 간단하게 다룬 상상력의 다양한 활용법은 대다수 연기 기법이 ‘허기를 창조’하기 위해 내놓은 해결책들이다. 많은 이들이 최고 수준의 연기 예술가가 되기 위해서는 연기 기법을 익히는 것이 필수적이라고 믿는다.

연기 수업과 연기 훈련

이 책에서 다룬 훈련법과 개념들은 독학이나 연기 수업, 연극 학교 등에서 가르치기에 적합한 것들이다.

전 세계 곳곳에 뛰어난 연기 학교들이 있다. 만약 관심이 있고 시간적인 여유가 있어서 매주 한 번씩 연기 수업을 들을 수 있다면 훌륭한 연기 교사를 만날 수 있을 것이다. 연기 훈련에 더 많은 시간을 투자하고 싶다면 연기 기법, 카메라 연기 기법, 오디션 기법, 즉흥연기 수업, 신체 동작 수업, 댄스 수업, 무예 수업, 노래 수업, 발성·화술 훈련, 연극·영화사, 영화 분석, 직업으로서의 연기 등을 정규 수업 과정에 포함하고 공연 기회를 제공하는 학교를 찾아보라.

이 책은 기초 개념 몇 가지만 다룬다. 이는 빙산의 일각에 불과하다는 것을 아는 것이 중요하다.

컨트롤하기

좋은 연기는 좋은 연기다. 당신이 좋은 연기를 한다면 어떻게 좋은 연기를 하게 되었는지는 중요하지 않다. 당신은 자신의 연기에 대해 자신이 느끼는 감정을 컨트롤할 수 있다. 스스로 자신의 연기에 만족한다면 친척, 친구, 교사, 연출자, 비평가 등 다른 사람의 생각은 중요하지 않다. 모든 사람을 만족시킬 수는 없다. 당신이 당신 연기의 주인이다. 당신은 연기 예술가다.

예술가로서의 배우

배우라고 해서 항상 브로드웨이 무대에 오르거나 할리우드 장편영화에 출연하기 위해 모든 것을 던져야 하는 것은 아니다. 다른 직업이 있거나 다른 활동을 하면서 다양한 방식으로 연기 예술을 실천하는 배우도 많다.

배우로서의 성공을 출연료나 출연작, 유명한 배우와의 작업이나 연기상 수상으로 재단하지 않는 배우 또한 많다.

연기 기술을 배우고 다듬고 펼칠 기회는 전 세계 어디

에나 있다. 만약 그런 기회가 부족한 지역에 있다면 예술 공동체를 꾸려보자. 이 책 9장에서는 자신의 작품을 제작할 때 알아두어야 하는 주요 원칙들을 다룬다.

초보 배우라면 연기 예술가로 성장하는 것에 초점을 맞춰야 한다. 예술가는 독창적인 아이디어를 표현한다. 또는 기존 아이디어를 독창적인 방식으로 표현한다. 연기 예술가의 작품은 대중의 입맛에 맞을 수도 있고, 맞지 않을 수도 있다. 연기 예술가라면 자신이 생각하고, 느끼고, 믿는 바를 고스란히 담아낸 무언가를 창작했을 때 행복과 만족을 느낀다.

중요한 것은 당신이 전문 배우인가 아마추어 배우인가가 아니다. 예술가이냐 아니냐가 중요하다.

예술가는 외부 요인에 흔들리지 않는다. 돈, 찬사, 인정, 명예, 비판에 흔들리지 않는다. 예술가는 세상을 관찰하고 탐색하며 자신이 경험한 것에 대한 생각과 느낌을 자유롭게 표현하는 사람이다. 이런 자유는 순수한 예술 표현의 필수 불가결한 요소다.

좋은 교사, 멘토, 관객은 소중한 피드백과 어떤 지표 그리고 격려를 제공할 수 있다. 그러나 당신의 창작물에 관해 책임을 져야 하는 사람은 그가 아니다.

배우는 예술가로서의 성공을 자신이 하는 연기 작업에서 얻는 즐거움으로 평가한다. 자기 자신을 진심을 다해 표현했다고 믿을 때 배우는 특별한 만족감을 얻고 가끔은 그 무엇과도 비교할 수 없는 환희를 느낀다.

영화 연기

8장

흔한 오해 중 하나는 배우가 무대 위에서 연기할 때는 '커져야' 하고 카메라 앞에서 연기할 때는 '작아져야' 한다는 것이다. 무대 위에서 하는 연기와 카메라 앞에서 하는 연기가 달라야 할 이유는 아무것도 없다. 호흡을 적절히 조절할 수 있다면 대극장에서 대사를 발화하고 인물을 표현하는 데 어려움이 없을 것이고, 마찬가지로 카메라 앞에서 얼굴 10센티미터 앞에 마이크를 두고도 문제가 없을 것이다.

무대 위에서는 보통 배우와 관객 간에 어느 정도 거리가 유지된다. 카메라 앞에서는 클로즈업 숏을 잡으면 관객(즉 카메라)이 코앞까지 다가온다. 카메라는 아주 작은 움직임까지 전부 잡아낸다. 얼굴 근육이 굳었다거나 입술을 꾹 다물었다거나 호흡이 거칠어졌다거나 지나치게 눈을 자주 깜빡였다면 카메라는 이를 포착할 것이고 이런 나쁜 습관은 관객의 주의를 흐트러뜨린다. 배우로서 하는 동작과 등장인물로서 하는 동작에는 차이가 있다. 연기에 대해 잘 아는 사람은 굳은 근육, 다문 입술, 거친 호흡, 과도한 눈 깜빡임이 배우가 하는 표현인지 등장인물의 동작인지 구별할 수 있다. 가볍게 영화를 보는 관객도 무의식적으로 그런 차이를 감지한다. 나쁜 습관은 카메라 앞에서 극대화된다.

앞서 나는 영화 리허설에서 맞닥뜨리는 어려움에 대해 설명했다.

영화 작업에서 만나는 또 다른 어려움은 영화 촬영이 순서대로 진행되지 않는다는 점이다. 연극은 첫 장면에서 시작해 절정을 향해 나아갔다가 끝이 난다. 공연 기간이 1주일일 수도 있고 6개월 동안 지속될 수도 있다. 무대 위에서 연기할 때는 매 공연을 배우 자신과 관객에게 생생하고 실감 나게 그려내는 것이 도전 과제다.

영화 작업에서는 영화의 절정 장면을 촬영 첫날 찍을 수도 있다. 영화 촬영 및 제작 일정 담당자는 배우가 수월하게 작업할 수 있도록 일정을 짜려고 노력한다. 그러나 최우선으로 고려하는 사항은 돈과 시간이다. 예를 들어 제작자가 촬영 첫날 아주 싼 가격에 특정 장소를 사용할 수 있다면 그 장소에서 촬영하는 장면이 영화 스토리 라인에서 절정에 해당하더라도 그날 촬영 예약을 잡을 수 있다. 그러니 배우는 언제라도 영화의 어느 장면이든 연기할 수 있도록 준비해야 한다. 따라서 배역의 스토리 라인을 알고 있어야 하고 등장인물이 지금 그 스토리 라인의 어디쯤에 있는지 알아야 한다.

'배역의 스토리 라인'은 등장인물의 여정을 의미한다. 이야기가 시작할 때 등장인물은 무슨 생각을 하고, 어떤 감정을 느끼고, 어떤 행동을 하는가? 그 인물이 변화를 겪는다면 이야기가 끝날 무렵 그는 어떻게 변해 있는가?

다음에 예시한 '배역의 스토리 라인 워크시트'는 영화 작업할 때 배역의 스토리 라인을 정리하는 방법을 보여준다.

배역의 스토리 라인 워크시트

프로젝트: 더 리밋The Limit

개략적인 대본 분석

- 조직화된 사회 활동을 좋아하지 않는다.
- 학교를 좋아하지 않는다.
- 독학을 선호한다.
- 이케 때문에 억지로 댄스 경연 대회에 나가게 되었다.
- 비디오 게임을 좋아하고 온라인으로 사람들과 상호작용하는 것을 좋아한다.
- 버스 타는 것을 싫어한다.

관계

엄마

- 사람들과 더 적극적으로 어울리라고 강요한다.
- 내가 어른스러워지길, 철이 들길, "나이에 맞게 행동하기"를 바란다.

이케

- 나와 더 많은 시간을 보내고 싶어 한다.
- 내가 외톨이라고 생각한다.
- 나를 진심으로 걱정하지만 눈치가 없고 지나치게 간섭한다.

학교 사람들

- 모두 내가 조금 특이하다고 생각한다.

연기 메모

- 장면 8에서 울어야 한다.
- 춤—댄스 실력이 형편없다.

  —연습이 필요하다.

각 장면에서 등장인물의 목적과 내면세계

- 전체 목적: 평범한 사회생활

장면 #1

집—비디오 게임 중

- 대화 없다.

- 목적: 비디오 게임에서 이기기
- 내면세계: 길을 잃은 느낌, 오해받고 있다는 억울함, 무기력

장면 #2

학교—점심시간, 이케와 함께

- 이케가 내가 걱정된다고 말한다.
- 나에게 댄스 경연 대회에 나가라고 부추긴다.
- 목적: 이케의 잔소리에서 벗어나는 것
- 내면세계: 이케 말이 맞다는 것은 알지만 인정하고 싶지 않다.

장면 #3

집, 부모님과 함께

- 부모님이 나에 대해 의논한다. 나를 걱정한다.
- 나는 댄스 경연 대회에 나갈 거라고 선언한다.
- 목적: 부모님이 틀렸다는 것 증명하기
- 내면세계: 상황의 주도권 잡기

독자를 위한 메모 이것은 좋은 출발점이다. 전체 대본

을 분석하고 있다면 대본의 마지막 페이지를 덮을 때까지 나오는 모든 장면을 이런 식으로 정리한다.

장소

집—장면 1, 3, 5

학교—장면 2, 4, 7

공원—장면 6

호텔—장면 8

차고—장면 9

의상

독자를 위한 메모 각 장면을 살펴보면서 어떤 옷을 입을지 기록하라. 저예산 영화라면 자신이 입을 옷은 전부 스스로 준비해야 할 수도 있다. 실제 당신이 입는 옷을 사용하거나 필요하다면 새 옷을 사야 할 수도 있다. 예산이 큰 영화라면 의상 담당자가 있을 것이다.

분장과 헤어

독자를 위한 메모 세트장에 분장과 헤어 디자이너가 있을 수도 있다. 또는 배우가 직접 분장과 헤어를 처리해야 할 수도 있다. 남자 배우건 여자 배우건 카메라 앞에서 자신의 외모가 돋보이도록 헤어스타일을 꾸미고 화장하는 법을 알아야 한다. 머리카락이 눈을 가리지 않도록 한다. 화장을 한다면 메이크업 아티스트에게 당신 얼굴에 가장 잘 맞는 화장법을 배워두자.

오디션

9장

연극이나 영화에서 배역을 받기 위해서는 대개 오디션을 봐야 한다. 가끔 지인이 자신의 작품에 출연해 달라고 요청하는 경우에는 오디션을 보지 않기도 한다. 오디션을 보는 데에도 나름의 기술과 그에 맞는 마음가짐이 필요하다.

이 장에서는 오디션을 실시하는 사람을 오디셔너라고 부르겠다. 오디셔너는 교사일 수도, 연출자일 수도, 캐스팅 디렉터일 수도, 제작자일 수도 있다. 또 작품에 관여하는 스태프일 수도 있다.

목표

오디션을 보는 당신의 목표는 오디션을 준비하고, 준비

한 것을 보여주고, 후회 없이 오디션장을 나서는 것이다. 오디션이 끝난 뒤에 이렇게 말할 수 있어야 한다. “나는 최선을 다했어. 나머지는 운에 맡기는 수밖에.”

오디션장을 나서면서 이렇게 말하는 일은 없어야 한다. “그걸 했어야 했는데….” “그걸 했다면 좋았을걸.” 이를 우리는 ‘엘리베이터 독백’이라고 부른다. 오디션이 끝난 후에 가상의 엘리베이터에 올라타 자신이 잘못한 것들을 줄줄이 떠올리지 말자. 이로울 것이 하나도 없고 기분만 비참해진다. 잘된 것과 잘못된 것을 파악하는 것은 좋다. 오디션을 더 잘 보기 위해 앞으로 무엇을 해야 할지 돌아보는 것은 현명하다. 그러나 자신을 심하게 자책하고 평가절하하는 것은 전혀 도움이 되지 않는다.

오디션을 보는 당신은 배역을 따내는 것에 초점을 맞춰서는 안 된다. 당신이 함께 작업하기 좋고 프로답게 일하는 사람이라는 인상을 주는 데 초점을 맞추자. 이는 학교 연극을 위한 오디션이건 할리우드 블록버스터를 위한 오디션이건 똑같다. 오디셔너가 당신에게 오디션을 보라고 연락했거나 오디션 명부에 당신 이름을 올렸다. 오디션장에 들어서는 순간부터 당신의 일거수일투족이 관찰되고 평가 대상이 된다. 주차장에, 로비에, 엘리베이터에, 대기실에 누가 있는지 아무도 모를 일이다. 대개 오디션장에는 그 프로젝트에 어떤 식으로든 관여하는 사람이 있다. 사람들은 어른답게 행동하는 사람과 작업하고 싶어 한다. 시끄럽게 굴거나 따가운 눈총을 받을 만한 행동을 하면 배역을 얻을 확률이 낮아질 수밖에 없다.

오디셔너가 무슨 생각을 하는지 알기는 힘들다. 오디셔너의 속마음을 알아내려고 애쓰지 말자. 오디셔너가 당신처럼 훌륭한 배우는 난생처음 본다고 말했지만 다시는 연락이 안 올 수도 있다. 당신에게 한마디도 걸지 않았지만, 심지어 당신과 눈도 마주치지 않았지만 30분 후에 배역을 따냈다는 연락이 올 수도 있다.

오디션 자료

오디션의 조건과 형식은 다양하다. 몇 가지 예를 들어 보겠다.

1 하나 이상의 독백을 연기해야 한다. 독백 자료는 당신이 선택해서 준비한다. 출간된 현대 연극 극본이나 영화로 제작된 시나리오에서 골라야 한다. 당신이 창작한 대본이나 출처가 명확하지 않은 대본을 사용해서는 안 된다. 보통 오디셔너는 독백 분

량이 2분을 넘지 않아야 한다고 공지할 것이다. 독백을 두 개 준비해야 하는 경우에 오디셔너는 하나는 정극, 다른 하나는 코미디를 준비할 거라고 기대할 수 있다. 드라마와 코미디는 한 끗 차이라고 볼 수도 있어서 대다수 사람은 두 개의 독백이 어떤 식으로든 다르기만 하면 된다고 생각한다. 대부분의 배우는 언제 어디서든 연기할 수 있는 독백을 최소한 두 개는 준비해 둔다. 셰익스피어 같은 고전은 오디셔너가 고전극을 준비하라고 특별히 공지한 경우에 한한다. 오디션을 위한 독백은 완벽하게 준비되어 있어야 한다. 오디셔너는 프로의 공연을 기대한다. 오디션은 아직 완벽하게 익히지 못한 새로운 독백을 시연하는 자리가 아니다.

2 당신은 배우를 캐스팅 중인 연극이나 영화의 한 장면을 연기해야 한다. 대본 전체를 읽어볼 시간이 주어지는 경우도 있다. 아마 1주일, 짧게는 하루 정도가 주어졌을 것이다. 오디션에서 연기할 장면을 특정했을 수도 있고, 당신에게 장면을 고를 선택권을 줬을 수도 있다.

3 당신이 한 번도 읽어본 적이 없는 대본의 한

장면을 연기해야 한다. 이렇듯 한 장면을 발췌한 대본을 '오디션용 쪽대본'이라고 부른다. 배역을 따내거나 콜백을 받아서 2차 오디션을 볼 자격을 얻기 전까지는 전체 대본을 읽을 기회가 주어지지 않는다. 작가, 연출자, 제작자가 보안 유지에 아주 예민하다 보니 전체 대본을 공개하지 않는 것이다. 안타깝게도 스토리 아이디어를 표절할 가능성을 완전히 배제할 수 없기 때문이다.

4 오디션장에서 쪽대본이 주어지고 준비할 시간도 아주 짧다. 이것을 콜드리딩cold reading이라고 부른다. 콜드리딩을 할 때는 그 자리에서 빠른 선택을 하고 그 선택대로 밀고 나간다. 두려운 상황이고 누구나 그 사실을 안다. 호흡을 하면서 연기에 집중하자. 오디션에서는 언제나 콜드리딩을 요구받을 수 있다. 당신이 지원하지 않은 다른 등장인물의 대사를 읽어보라는 요청을 받기도 한다. 한 번도 본 적이 없는 장면을 연기해야 할 수도 있다. 어떤 일도 일어날 수 있다는 것을 염두에 두고 준비하자.

연출 지시

모든 오디션장에서는 언제든 연출 지시를 받을 수 있다. 신체 동작에 관해 구체적으로 지시하거나 당신이 한 등장인물 설정을 수정하거나, 이 두 가지를 다 할 수도 있다. 대사를 특정 방식으로 읽으라는 지시를 할 수도 있다. 연출이 형편없을 수도 있다. 어떤 경우라도 리허설에서처럼 지시를 잘 듣고 그 요청에 부응할 수 있도록 최선을 다하라. 당신이 연출 지시를 잘 이해하고 따를 수 있는지 보려고 연출자가 시험하는 것일 수도 있다. 연출자는 유연한 배우를 좋아한다.

오디션에 응모하는 법

오디션 기회를 알리는 웹사이트 몇 군데가 있다. 이 책을 쓰는 현재 백스테이지닷컴backstage.com과 액터스액세스actorsaccess.com가 운영 중이다. (대도시 인근에 살지 않아도 당신이 사는 지역을 대상으로 하는 웹사이트가 있을 것이다.) 그런 웹사이트에 프로필을 등록하고 연극이나 영화 프로젝트에 응모하라. 오디션 기획자가 당신에게 관심이 있다면 연락할 것이다. 오디션 기회를 얻었다면 오디션장에 10분 일찍 도착하자. 오디션을 보러 갈 수 없다면 오디셔너에게 불참한다고 사전에 알려라.

연기 수업을 듣거나 연극·영화계 사람들이 가는 장소에 가라. 친구를 만들어라. 그러다 보면 당신과 일하고 싶어 하는 사람을 만나게 될 것이다.

만약 뉴욕이나 로스앤젤레스처럼 공연이나 영화 산업의 규모가 큰 지역에 살고 있다면 에이전트나 매니저를 통해 오디션 기회를 얻을 수 있다. 에이전트와 매니저와 함께 일하는 방법에 대해서는 다음 장에서 다룬다.

연극이나 영화 오디션 기회를 주겠다면서 돈을 요구한다면 무조건 거절하라. 그런 경우는 절대로 없다.

프로젝트 개요와 브레이크다운

이따금 어떤 프로젝트인지 정확히 알 수 있도록 프로젝트에 관한 정보를 제공하기도 한다. 관련 정보가 거의 없을 수도 있다. 보통 오디션을 보기 전에 등장인물 소개, 줄거리, 공연 일자 또는 촬영 일정에 대한 정보를 받게 된다. 이런 정보를 담은 문서를 브레이크다운breakedown이라고 부른다. 브레이크다운은 프로젝트에 관한 중요한 정보를 빠짐없이 전달하기 위해 활용한다. 다음은 브레이크다운의 한 예다.

오후 1시 존 데이비드슨 — 9/16 월 — 쪽대본 별첨

더 리밋

단편영화

비조합

총 책임자 마이크 마크스

공동 제작자 미구엘 랜츠

제작 앤절라 데이비스

감독 미구엘 랜츠

각본 마이크 마크스

뉴욕 지구 캐스팅 디렉터 메레디스 링컨

촬영 시작일 9월 23일

촬영 장소 뉴욕

메레디스 링컨 캐스팅
239 E 44th St. #4409
NY, NY 11901

주: 우리는 코믹 캐릭터들의 세계를 창조할 계획입니다. 등장인물의 신체적 특징이나 인종 묘사만 보고 오디션 응모를 포기하지 마십시오.

오프-브로드웨이에서 흥행에 성공한 작품이 원작입니다.

[노먼] 14살. 외향적이지만 집에서 비디오 게임을 하고 책을 읽는 걸 좋아합니다. 순발력과 재치가 있습니다. 댄스 실력이 어느 정도 있어야 합니다. 인종은 정해져 있지 않습니다.

무엇을 입어야 할까?

배역에 어울리는 옷을 입어야 한다. 학생회 임원에 출마했고 동료 학생들 앞에서 후보 연설을 해야 하는 배역의 오디션을 본다면 면바지에 셔츠를 입을 수 있을 것이다. 자동차 정비소를 운영하는 아버지를 돕는 배역의 오디션을 본다면 청바지와 티셔츠를 입을 수 있다. 그렇다고 기름때가 덕지덕지 묻은 바지를 입고 얼굴에 기름칠을 해야 하는 것은 아니다.

의상에 지나치게 집착하지는 말자. 등장인물이 입을 법한 옷을 입는 것으로 충분하다. 정장을 입으라거나 평상복을 입으라는 지시 사항이 있을 수도 있다. 항상 깨끗하고 편한 옷을 준비해 두자. 많은 배우가 오디션용 의상을 따로 마련한다. 흰색 옷은 화면을 잘 받지 않는다. 검은 옷은 절대 입지 말라고 조언하는 사람도 있다. 깔끔하고 무난한 옷이 가장 좋다. 화려한 무늬나 브랜드 로고가 크게 박힌 옷은 피한다(배역에게 정말로 딱 맞는 옷인 경우는 예외다). 채도가 낮은 단색 옷을 입어라. 파란색과 녹색 계열이 가장 무난하다.

외모

언제나 깔끔한 외모를 유지하라. 머리카락이 얼굴을 가리지 않도록 하자.

오디션장에서

오디션을 실시하는 방으로 들어갔을 때 오디셔너에게 악수를 청하지 말자. 먼저 간단하게 인사를 하라. 오디셔너가 말을 걸면 가벼운 대화를 나눠도 된다. 오디셔너는 이미 그날 많은 사람을 만났을 것이다. 이런 일을 매일, 또는 매일까지는 아니어도 자주 할 것이다. 수다스러운 오디셔너도 있고 과묵한 오디셔너도 있다. 오디션 진행은 힘들고 지루한 작업이다. 새로운 사람을 만나서 즐거워하는 오디셔너도 있고 아는 사람을 만나는 걸 좋아하는 오디셔너도 있다. 대부분은 아주 사무적으로 군다. 몇 번 만난 적이 있는 사람이 오디션장에 있는 당신에게 무뚝뚝하게 굴어도 서운하게 생각하지 말자.

오디션장에 당신과 오디셔너, 단 두 사람만 있을 수도 있다. 12명이 있을 수도 있다. 당신을 따뜻하게 맞아주고 모두에게 당신을 소개해 줄 수도 있다. 당신이 오디션장에 들어섰는데도 침묵으로 일관하는 경우도 있다. 어느 경우에나 오디션장의 분위기를 받아들이고 큐 사인을 받으면 오디션을 시작할 준비를 하라.

오디션장이 극장이라면 오디셔너는 관객석에 앉아 있을 것이다. 무대 중앙으로 가라. 작은 사무실이라면 탁자 뒤나 카메라 옆에 있을 것이다. 오디셔너를 마주 보고 2미터 정도 떨어진 곳에 서거나 바닥에 표시된 곳이 있으면 거기에 서라.

극장에서 독백 연기를 할 때는 시작하기 전에 간단하게 자기소개를 하고 어떤 독백을 연기할지 설명해야 한다고 말하는 이도 있다. 간단하게 '안녕하세요' 정도만 말하고 곧장 연기를 시작해야 한다고 말하는 이도 있다. 당신에게는 어떤 방식이 편한지 생각해 보고 그대로 하라. 오디션을 시작하기 전에 어떤 식으로 진행하라고 구체적으로 지시하는 오디셔너도 있다. 어떤 작품을 연기할지 물어보기도 한다.

극장이나 사무실에서 독백 연기를 할 때 오디셔너를 바라보면서 하지 마라. 오디셔너가 불편할 수 있다. 그는 그 장면에 당신과 함께 존재하면서 당신에게 반응해야 한다는 부담을 느끼고 싶지 않을 것이다. 그는 당신을 관찰하고 싶어 하는 사람이다. 무대 반대편이나 사무실의 맞은편 벽에 가상의 점 하나를 찍은 다음 그 점을 보면서 독백을 연기하라. 오디셔너와 가까운 곳에 점을 찍어야 오디셔너가 당신의 얼굴을 잘 볼 수 있다. 실재하지 않는 인물에게 말을 거는 것은 어색한 일이다. 미리 연습하라. 이는 오디션에서 아직 완벽히 숙달되지 않은 독백을 연기하면 안 되는 이유이기도 하다. 오디션이라는 상황 자체만으로도 당신은 잔뜩 긴장할 수밖에 없다. 게다가 가상의 상대에게 말을 건네야 한다. 대부분의 사람들에게는 매우 낯선 일이다. 심지어 당신의 연기를 지켜보는 누군가가 있다. 배역에 몰입하고 대사를 기억해야 하는 과제까지 수행하고 있다는 점을 고려하면 설익은 독백 연기를 펼치는 것은 스스로에게 과도한 핸디캡을 부여하는 것이다. 오디션 경험이 20년쯤 된 배우라면 모를까. 오디션이 처음이라면 준비한 독백을 완벽하게 연습하라.

드물기는 하지만 오디셔너가 자신을 보며 독백 연기를 해도 좋다고 말할 수도 있다. 오디셔너가 그렇게 해도 좋다고 허락하고, 당신도 그것이 편하다면 그렇게 하라. 그에게 반응을 이끌어내려고 시도해도 좋다. 오디셔너가 목석처럼 앉아 있다면 곤란할 수도 있다. 그가 흥미가 없는 건지, 실망한 건지, 원래 감정 표현을 잘 하지 않는 사람인지 알 길이 없다. 당신의 연기가 아주 마음에 들었을 수도 있다. 당신이 원하는 반응이 나오지 않는다면 그것을 활용하라. 인물에 몰입한 채로 계속 반응을 얻어내기 위해 시도해라. 반응이 있으면 있는 대로, 없으면 없는 대로 이를 연기의 재료로 삼아라. 오디셔너가 먼저 제안하지 않으면 그를 상대로 독백 연기를 해도 되는지 묻지는 말자. 그 질문에 대한 오디셔너의 답은 "아니오"일 가능성이 높기 때문이다. 그러고 나면 분위기가 어색해질 수밖에 없다.

오디셔너에게 손을 대지 마라. 악수도 요청하지 말자. 그에게 가까이 다가가지도 말자. 그를 겁주지 마라. 등장인물에 몰입한 나머지 그의 머리카락을 쓰다듬고 싶은 충동이 들어도 하지 마라.

오디션장에 들어설 때 이미 당신은 그 등장인물이 되어 있어야 한다. 곧장 시작할 수 있어야 한다. 인물에 몰입하려고 고개를 떨구거나 고개를 돌리거나 심호흡을 하지 마라. 그냥 독백을 시작하라.

장면을 연기한다면 상대 배역의 대사를 읽어주는 리더가 있을 것이다. 리더는 오디셔너가 고용한 사람일 수도 있고 무료로 자원한 사람일 수도 있다. 보통 리더는 오디셔너 가까이에 앉아 있다. 리더가 다정하고 뛰어난 배우일 수도 있다. 호감이 가지 않고 형편없는 배우일 수도 있다. 배역에 대한 몰입을 유지한 채 리더가 던지는 대사에 반응하라. 당신과 오디셔너 단 둘만 있다면 그가 리더 역할을 할 수도 있다.

슬레이팅

카메라 앞에서 오디션을 본다면 슬레이팅slating을 해 달라는 요청을 받을 수 있다. 오디션장에서 슬레이팅은 카메라를 똑바로 쳐다보면서 당신의 이름을 말하는 것을 의미한다. 당신이 아직 만 19세가 되지 않았다면 나이도 말하도록 요청받을 수 있다. 당신이 미성년자라는 사실을 영화 제작자가 알 수 있어야 하기 때문이다. 당신이 조합에 가입하지 않았더라도 제작자는 노동법과 노조 규칙을 준수해야 한다. 간단한 자기소개를 부탁하기도 한다. "한가한 시간에는 뭘 하세요?"처럼 아주 구체적인 질문에 답을 해야 할 수도 있다. 오디셔너에게 이야기해 줄 수 있는, 연기와는 무관한 주제 다섯 개 정도를 준비해 두자. 오디셔너가 질문을 한다면 그것은 당신이 어떤 사람인지 알기 위해서다. 당신이라는 사람을 파악하기 위해서다.

때로는 종료 슬레이팅을 해달라는 요청을 받기도 한다. 오디션 마지막에 카메라를 보면서 슬레이팅하는 것을 말한다. 슬레이팅을 해달라는 요청 자체가 없을 수도 있다.

오디션에서 카메라를 똑바로 바라볼 수 있는 유일한 경우가 슬레이팅을 할 때다. 또 다른 예외는 대본에 당신 배역이 카메라를 똑바로 본다는 지시문이 있거나 감독이 카메라를 똑바로 쳐다보라고 지시할 때다. 그런 경우를 제외하고는 등장인물을 연기하면서 카메라를 똑바로 바라보는 것을 '카메라 스파이킹spiking the camera'이라고 한다. 배우가 카메라를 응시했다면 그 숏은 망친 것이고 당신은 제대로 연기할 줄 모르는 배우로 낙인찍힌다. 이런 행위는 연출자와 편집자가 정말 싫어하는 행위다. 촬영 중에는 당신이 카메라를 응시해도 모르고 넘어갈 수 있다. 그러나 편집실에서는 그 사실을 알아챌 수밖에 없다. 오디셔너, 연출자, 제작자는 오디션 테이프나 녹화일지(오디션 당일 찍은 영상)를 볼 것이고 당신이 카메라 스파이킹을 했다는 사실을 알게 될 것이다.

대부분의 배우는 카메라를 똑바로 바라보고 싶은 충동을 느낀다. 카메라는 위압적이면서도 매혹적이고 당신은 카메라를 더 잘 들여다보고 싶어질 것이다. 일상생활에서 우리는 사진을 찍거나 동영상을 찍을 때 카메라 렌즈를 보라는 말을 듣는다. 카메라를 보도록 훈련받은 셈이다. 연기할 때는 이 습관을 없애야 한다. 카메라는 관객이다. 라이브 공연에서 관객을 똑바로 응시하는 배우는 없다. 제4의 벽을 깨는 행동이기 때문이다. 마치 관객에게 "안녕하세요. 저 잘하고 있나요? 당신은 뭘 보고 있나요? 왜 저를 보는 거죠? 공연이 즐겁나요?"라고 말을 거는 것과 같다. 제4의 벽을 깨지 마라. 카메라를 응시하지 마라.

집에서 독백을 연습할 때는 카메라 앞에서 하자. 장면을 하나 골라서 분석하고 카메라 앞에서 리허설을 하라. 리허설을 하는 동안 당신 맞은편에 있는 가상의 오디셔너가 당신이 아주 존경하는 사람이라고 상상해 보라.

45도 원칙과 핫 스폿

배우는 자신이 등장인물로서 경험하는 것을 카메라가 포착하기를 바란다. 카메라는 우리가 비스듬히 서 있거나 카메라에 등을 돌리고 있을 때는 우리가 하는 것을 포착할 수 없다. 항상은 아니지만 카메라 앞에서는 거의 언제나 45도 각도 원칙을 지킨다. (45도 각도 원칙은 눈속임과 밀접한 관련이 있다.) 항상은 아니지만 거의 언제나 시선은 '핫 스폿hot spot'에 두려고 노력한다(127쪽의 그림 참조). 오디션을 볼 때는 이 두 원칙을 지키는 것이 안전하다. 영화를 찍을 때도 이 두 원칙을 지키는 것이 좋지만 절대적인 원칙은 아니라는 점을 기억해야 한다. 배우는 늘 원칙을 깬다. 이 두 원칙을 아예 무시하는 배우도 있다. 어떤 장면은 카메라가 배우의 눈을 담지 못하게 고개를 떨구고 바닥을 보면서 연기하기도 한다. 그런 장면이 오히려 관객을 사로잡는 장면이 되기도 한다. 경험과 실험을 통해 당신에게 어떤 것이 잘 맞는지 찾아보자. 주어진 상황, 연출, 그리고 다른 여러 요소들이 장면을 어떻게 연기할지에 영향을 미친다. 그러나 장면을 연기하려고 카메라 앞에 선 당신이 핫 스폿에 시선을 두어야 한다면 그렇게 하는 것이 자연스럽게 느껴져야 한다.

대본 들기

대본을 들 때는 대본이 잘 보이고 리더(가 있다면)도 잘 보이도록 들어야 한다. 대본을 옆에 내려놓고 수시로 쳐다보는 일은 없어야 한다. 고개를 숙였다 들었다 하는 동작은 산만해 보인다. 가능한 한 오디셔너가 당신 눈을 볼 수 있게 하자. 오디셔너가 카메라의 오른쪽(당신의 오른편)에 서 있다면 대본을 오른손에 들어야 한다. 오디셔너가 카메라의 왼쪽(당신의 왼편)에 서 있다면 대본은 왼손에 들어야 한다(128쪽 그림 참조).

대사 전부 또는 일부를 외웠다면 대본을 옆에 내려놓아도 된다. 1차 오디션은 암기력 테스트가 아니다. 당신이 미리 준비한 독백을 연기하는 것이 아니라면 대사를 완벽하게 암기하지 못해도 괜찮다.

오디셔너는 당신의 손에 오디션용 쪽대본이나 대본이 들려 있는 게 당연하다고 여긴다. 오디션장에 들어온 당신 손에 대본이 들려 있지 않다면 오히려 불안해할 것이다. 대사가 두세 줄에 불과하다면 다를 수도 있다. 두세 줄은 암기하기 어렵지 않고 오디셔너도 당신이 대사를 잘 외웠으리라고 생각할 것이다. 대사가 한두 페이지가 넘어가는 대화문이라면 오디셔너는 당신이 오디션장에 대본을 손에 들고 들어올 거라고 예상할 것이다. 당신이 대사를 깜빡하거나 어디까지 했는지를 놓쳤을 때 참고해야 할 테니까. 처음부터 다시 대사를 할 시간도 없고 오디셔너는 당신의 사과를 들을 시간도 없다. 1차 오디션에서 대사 한 줄을 더듬거리거나 잊었다 해도 크게 걱정할 필요

없다. 어떤 일이 벌어져도 배역에 대한 집중력을 유지하라. 오디셔너는 당신을 지켜보고 있고, 당신이 그 배역에 어울리는지를 가늠하고 있다. 1차 오디션은 당신의 암기력을 시험하는 자리가 아니다.

오디션용 쪽대본 하나와 그림을 한번 살펴보자.

오디션용 쪽대본

마빈

내부. 마빈 집 부엌 - 얼마 뒤

(마빈이 부엌에 들어온다. 엄마는 책을 읽고 있다.)

여기부터 →

마빈

오늘 저녁은 닭고기랑 감자 샐러드죠. 고마워요. 제가 제일 좋아하는 거잖아요.

엄마

그래, 다행이네. 기분은 좀 어때?

마빈

엄마는 정말 좋은 엄마예요. 엄마가 최고예요.

엄마

칭찬받으니 좋은데.

마빈

기분이 좀 나아졌어요. 엄마 말이 맞아요. 시간이 필요하겠죠. 이걸로 세상이 끝나는 것도 아니고요. 피자나 한 조각 먹으면서 마음의 상처가 아물길 기다려야죠.

엄마

아니, 피자는 안 돼. 곧 저녁 먹을 시간이야.

마빈

엄마 제발요. 피자는 제가 세상에서 제일 좋아하는 거고, 그러니까 피자를 먹으면 기분이 좀 나아질 것 같아요.

엄마

그건 네 누나가 먹을 피자야. 누나 몫을 남겨두겠다고 했단 말이야.

마빈

아, 진짜. 난 왜 이렇게 되는 일이 없을까.

엄마

여기까지 → 과장도 정도껏 해.

마빈

전 아무것도 없잖아요. 댄스 경연 대회 접수증이 전부예요. 마침 축구 시합 접수증도 있으니까 두 개를 내 방에 나란히 걸어두죠, 뭐.

엄마

그만하고 책을 보던지 TV나 봐.

45도 원칙

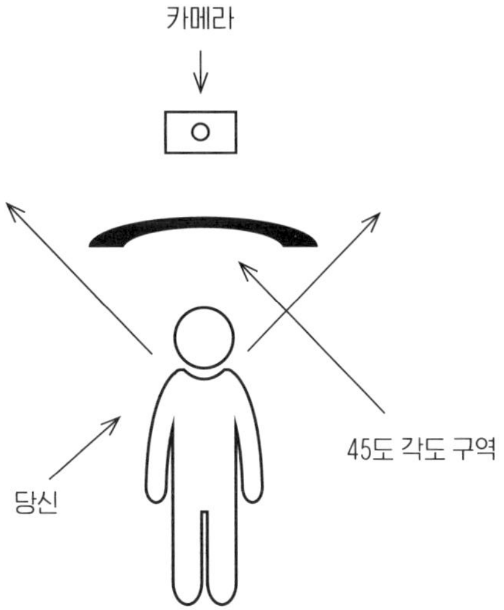

핫 스폿

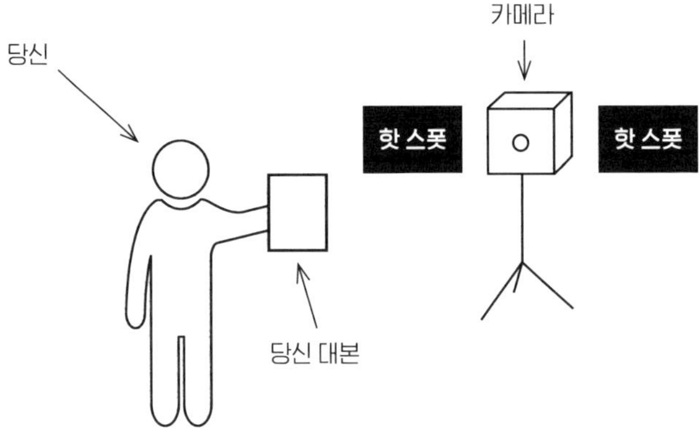

대본 들기

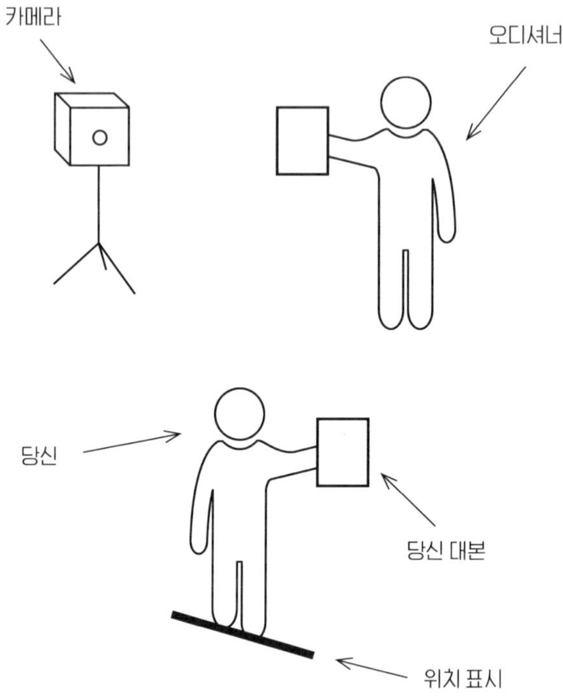

질문하기

오디션용 대본을 살펴볼 시간이 주어졌다면 주어진 대사에 나오는 모든 단어를 올바르게 발음할 수 있어야 한다. 대사에서 언급되는 모든 정보와 인용문을 이해해야 한다. 당신의 배역, 장면의 상황, 다른 등장인물과의 관계와 관련해서 명확하지 않은 것이 있다면 질문하라. 오디셔너는 대개 명확하지 않은 부분을 기꺼이 설명해 준다. 오디셔너는 당신이 오디션을 훌륭하게 마치기를 바란다. 보통 오디셔너가 당신에게 질문이 있는지 물을 것이다. 콜드리딩을 해야 한다면 오디셔너는 당신이 당연히 질문을 할 것이라고 기대한다.

다른 배우와 대본 읽기

경우에 따라서는 오디셔너 앞에서 다른 배우와 함께 대본을 읽게 될 수도 있다. 다듬어지지 않고 연습하지 않은 공연을 펼쳐야 한다. 어색하고 불편할 수 있다. 말을 하는 상대에게 귀를 기울이고 그에게 반응하는 데 집중하자. 당신의 목표는 다른 등장인물과 연결되는 것이다.

오디션을 보는 마음가짐

오디션은 당신이 무엇을 어떻게 보여주는가와 얼마나 준비되었는지만을 평가하지 않는다. 당신이 배역을 따내느냐는 당신의 통제를 벗어난 요인들에 의해 좌우된다.

당신을 평가하는 기준은 많다. 다음은 그런 기준의 예다.

1 당신 외모가 배역에 어울리는가? 그들은 키가 160센티미터, 연한 갈색 머리에 연한 갈색 눈동자를 지닌 배우를 찾고 있는가? 머리가 긴지 짧은지가 중요할 수도 있다. "머리를 자를 수 있나요?" "머리를 기를 수 있나요?"라고 물을 수도 있다. 때로는 아주 특정한 외모를 염두에 두고 있었지만 오디션을 진행하면서 애초에 생각한 신체적 특징에 대한 견해가 바뀔 수도 있다. 신체적 특징이 다른 배우가 그 배역을 해도 괜찮다는 생각을 하게 될 수도 있다. 때로는 오디셔너가 외모를 특정하지 않은 채 오디션을 진행하기도 한다. 당신이 통제할 수 없는 요인이 평가에 영향을 미치는 가장 최악의 예가 당신이 그가 싫어하는 사람과 닮은 경우다. 학창 시절 오디셔너를 괴롭히던 아이와 당신 외모가 비슷하다면 당신이 배역을 딸 확률은 확 낮아진다.

2 제작진이 다른 배역을 위해 캐스팅을 고려 중인 배우들과 비교해 당신의 외모는 어떠한가? 당신과 신체적 특징이 유사한 배우와 함께 아주 친한 친

구 사이로 캐스팅되기는 매우 어렵다. 관객은 비슷하게 생긴 두 배우를 구별하는 것을 어려워한다.

3 당신이 배역에 어울리는가? 등장인물이 활기 넘치는 인물이고 당신은 느긋한 사람이라면 당신이 배역을 딸 확률은 낮아진다.

4 당신에게 재능이 있는가? 당신이 재능으로 평가받으리라는 것은 분명하다. 이것이 오디션이 어려운 이유다. 배역을 얻지 못하면 자책하고 자신의 재능을 의심하기 쉽다. 마치 인격 모독을 당한 것 같은 느낌이 들 것이다. 재능에 대한 평가는 주관적이라는 사실을 명심해야 한다. 당신의 연기를 좋아하는 사람도 있을 것이다. 당신 연기를 싫어하는 사람도 있을 것이다. 앞서 이 책에서 다뤘듯이 당신은 스스로 자신의 연기에 대한 감정을 통제할 수 있다. 감정을 조절하지 못한다면 연기하는 일이 아주 괴롭고 절망적인 일이 될 것이고, 그렇게 일희일비하다 보면 결국 지치고 좌절하게 된다.

콜백

1차 오디션만으로 배역을 얻을 수도 있고, 콜백callback

을 받거나 몇 차례 더 오디션을 봐야 할 수도 있다. 콜백에서는 다른 배우와 짝을 이루게 될 수도 있고 연출 지시를 받을 수도 있다. 1차 오디션에서 보여준 연기를 그대로 똑같이 다시 보여달라고 요청받을 수도 있다. 콜백은 오디셔너가 당신을 다시 한번 관찰할 기회다. 콜백을 받았다면 대사를 완벽하게 암기해서 가야 한다. 대사 일부를 보충하거나 수정하거나 삭제하라는 요청을 받을 수 있다.

오디셔너는 당신이 심한 압박을 받는 상황에서 어떻게 대처하는지 볼 것이다. 오디션과 실제 공연이나 촬영은 다른 점이 많지만 공통점이 하나 있다. 둘 다 배우가 큰 압박을 받는 상황이다. 학교 연극이건 브로드웨이 공연이건 공연이 시작되기만을 기다리는 사람들이 있고, 그들이 당신 연기를 지켜볼 것이다. 영화 촬영을 할 때도 많은 사람이 지켜보고 있고, 당신의 일거수일투족이 기록되고 영원히 박제되리라는 사실도 부담으로 작용한다. 그렇다. 당신은 자신의 연기에 대한 자신의 감정을 통제할 수 있다. 그러나 사람들이 당신의 연기를 지켜볼 거라는 생각만으로도 심장이 뛰고 속이 울렁거린다. 그런 감정은 피할 수 없다. 최악의 경우 무대 공포증이 엄습해 꼼짝 못 하게 될 수도 있다. 최선의 시나리오는 아드레날린

이 흘러나오면서 집중력이 높아지는 것이다. 오디셔너는 당신이 압박감에 무너지지 않는지 확인하고 싶어 하고 당신이 강한 정신력을 지니고 있는지 알고 싶어 한다.

오디셔너는 당신 편이다

오디셔너는 당신이 오디션을 잘 보기를 바란다. 당신 편이다. 그가 당신을 오디션에 불렀다면 당신이 그 배역에 어울리는 배우라고 확신하기 때문이다. 오디션을 잘 봐서 당신이 배역을 따내면 그도 성공한 것이다. 오디셔너는 모든 배역에 꼭 맞는 배우를 찾아내는 데서 자부심을 느낀다. 최고의 오디셔너는 캐스팅을 예술에 비유하기도 한다. 오디셔너가 자기 일을 잘 못하면 실업자가 된다. 공연계에서 흔히 접할 수 있는 경구가 있다. “캐스팅이 전부다.” 학교 연극이건 할리우드 블록버스터이건 오디셔너는 당신이 오디션장에 나타나서 아주 잘하길 바란다. 오디셔너는 문제를 해결해야 한다. 배역에 꼭 맞는 배우를 찾아내야 한다. 당신이 그 문제에 대한 답이다.

오디셔너와 배우

당신의 제1목표는 오디셔너와 관계를 맺는 것이다. 당

신은 현재 오디션을 진행하고 있는 이 프로젝트에는 맞는 배우가 아닐 수 있다. 그러나 오디셔너가 앞으로 참여할 프로젝트나 오디셔너의 친구가 기획 중인 프로젝트에는 맞는 배우일 수 있다. 당신에 대한 세간의 평과 입소문이 기회를 가져다줄 것이다.

타입캐스팅

타입캐스팅typecasting이 될까 봐 겁내는 배우도 있다. 특정 유형의 인물만 연기할 수 있는 배우로 낙인찍히고 싶지 않아서다. 예를 들어 목소리가 크고 늘 화가 나 있고 무리를 지어 다니는 인물을 연기했다면 그다음에는 다른 인물을 연기하고 싶어 한다.

처음 배우 생활을 시작할 때는 당신에게 어떤 배역이 가장 잘 어울리는지 알아내는 것이 중요하다. 그런 배역이 당신이 교감하고 편하게 연기할 수 있는 배역이다. 그리고 당신이 따낼 확률이 가장 높은 배역이기도 하다. 일단 그런 배역을 맡아서 연기 경험이 쌓이면 연기의 폭을 넓힐 수 있다. 배역을 따내는 것 자체가 어려운 일이다. 경쟁도 심하다. 당신에게 어울리지 않는 배역을 따내려고 애쓰면 그만큼 확률은 더 낮아질 수밖에 없다.

연기 학교, 연기 수업, 극단

연기 학교, 연기 수업, 극단에 들어가기 위해 오디션을 보는 것은 특정 프로젝트의 오디션을 보는 것과는 살짝 다르다. 기관마다 그 기관의 프로그램이나 집단에 잘 적응하기 위해 배우가 갖춰야 할 조건이 무엇인지에 대한 생각이 다르다.

연기 훈련을 시키는 연기 학교라면 프로 정신 외에도 잠재력을 평가할 것이다. "이 사람에게 우리 공동체의 소중한 일원이 될 만한 열정과 직업 윤리, 원석과 같은 재능이 있는가?" 대개 오디셔너는 이런 판단을 빠르게 내릴 정도로 경험이 풍부하다.

연기자 집단의 구성원을 보충하려는 극장은 특정 유형의 배우를 찾는다. 앞으로 올릴 예정인 연극에서 여자 인물을 연기할 배우를 찾고 있고, 당신이 그런 유형에 맞는다면 뽑힐 확률도 높아진다.

오디션에 관한 마지막 첨언

준비하고 긴장을 풀고 집중하라.

탈락, 재능, 자신감

연기는 탈락과 늘 공존한다. 당신이 원하는 배역을 늘 따낼 수는 없다. 누군가는 당신 연기에 대해 부정적인 견해를 낼 것이다. 누군가는 당신에게 연기를 더 잘할 수 있는 방법에 대해 조언을 한다.

배우는 낯이 두꺼워야 한다는 말을 많이 한다. 어느 정도는 맞는 말이다. 그러나 당신이 칭찬이나 비판에 좌우되지 않으면 굳이 낯이 두꺼울 필요가 없다. 낯이 두껍다는 것은 다른 사람이나 상황에 영향을 받지 않는다는 것을 의미한다. 그러려면 귀를 닫고 마음을 닫고 무심해져야 한다. 그러나 감각을 예민하게 열고 있는 것이 배우의 특징이다. 실제로 얼마나 예민한가가 배우의 재능 수준과 연결되기도 한다. 배우의 일은 등장인물이 경험하는 것을 표현하는 것이다. 연기 작업은 우리를 표현하는 것이다. 예민하지 않다면 표현도 할 수 없다. 세상에 등을 돌리고 자신의 감정을 무시하면서 표현을 잘하기란 불가능하다. 낯을 두껍게 하는 것은 비생산적이며 심하게 말하면 정신분열증과도 같다. 일부러 낯을 두껍게 하는 것은 피곤한 일이고 정신건강에도 좋지 않다.

탈락과 실망은 모든 사람이 살면서 경험하는 일이다.

배우는 끊임없이 거절당하고 실망한다. 자신감 넘치는 배우는 자신의 재능을 믿는다. 부정적인 견해를 받아들이고 잊어버린다. 그리고 다음 예술 프로젝트에 집중한다. "내 연기가 마음에 들지 않았다고? 내가 배역을 따지 못했어? 뭐, 나는 내 연기가 마음에 들었어. 나는 내가 그 배역에 '딱이었다'고 생각해. 할 수 없지. 자, 그럼 다른 재미있는 일을 찾아볼까?"

배우는 자신감이 있어야 한다. 그렇지 않으면 예술적인 감성을 지켜낼 수 없다.

자신의 작품 제작하기

연기 기회를 얻으려고 돌아다니려면 시간과 노력이 든다. 돈을 받고 일하는 전문 배우 생활에서는 연극계와 영화계를 탐색하는 일이 큰 부분을 차지한다. 성공한 전문 배우는 대개 뛰어난 사업가이기도 하다. 전문 배우가 되고 싶지 않더라도, 취미로 연기를 하더라도 참여할 작품을 찾는 일은 시간과 품이 든다.

당신이 어떤 경우에 해당하건 참여할 수 있는 작품의 수는 많지 않다. 당신에게 어울리는 배역은 그보다 더 적다. 꽤 오랜 기간 연기를 전혀 하지 못하는 경우도 생길 것이다. 그런 때도 당신의 창작 욕구를 채워줘야 한다.

캐스팅은 배우 자신이 아닌 다른 사람에게 달린 일이다. 자신의 작품을 쓰고 연기를 하는 것은 외부 작품 활동을 하지 않는 기간에 창작욕을 채워주고, 배역을 맡기 위해 다른 사람의 판단에 기대야 하는 현실에 지쳤을 때 할 수 있는 일이다. 자신의 연극이나 영화를 제작하면 주도권을 되찾은 느낌을 받기도 한다. 같은 생각을 가진 사람들과 함께 또는 혼자 작업하라. 대본 쓰는 일이 적성에 맞지 않을 수 있다. 다른 사람과 함께 일한다면 무대 제작이나 의상 제작, 기타 작품 제작의 다른 영역에서 즐거움을 찾을 수도 있을 것이다.

창작 집단을 꾸렸다면 지휘하는 사람을 정해야 그 집단이 오래 살아남을 수 있다. 모든 일에서 최종 결정 권한을 가진 한 명을 반드시 정해 놓아야 한다. 팀원 사이에 성격 차이로 인한 갈등도 생길 것이다. 서로 예술적 견해가 다를 수도 있다. 리허설 일정 조정처럼 단순해 보이는 일도 아주 큰일이 될 수 있다. 모든 단계에서 선택 권한을 행사하거나 현명하게 위임할 수 있는 지휘관 한 명이 꼭 필요하다.

직업으로서의 배우

10장

이 장에서는 직업으로서의 배우에 대한 기본 정보를 살펴본다. 당신이 전문 배우의 세계에 뛰어들기를 원한다면 반드시 알아야 하는 정보들이다. 아직 만 19세가 안 되었다면 전문 배우로 활동하는 데 부모나 후견인의 도움이 필요하다. 이 장에서는 배우뿐 아니라 어린 배우의 부모나 후견인을 위한 내용을 다룬다.

만약 만 19세 미만인데 전문 배우로 일하고 싶다면 연기자의 세계에서 당신은 어른 세계에 끼어든 아이 또는 청소년이라는 사실을 기억해야 한다. 성숙한 어른처럼 책임감 있게 행동하지 않으면 아무도 당신을 전문 배우로 대접해 주지 않는다.

이 장에서 소개한 정보는 미국을 염두에 둔 것이며, 지역에 따라 조금씩 다를 수 있다. 뉴욕의 공연업계는 다른 지역의 공연업계와는 조금 다르게 돌아갈 것이다. 전반적인 연극·영화업계도 매년 조금씩 달라지고 있으며, 앞으로도 계속 달라질 것이다. 그러니 언제나 최신 정보를 얻도록 노력하자.

이 장의 목표는 연기 세계의 비즈니스적인 측면에 관한 의문을 해소하고 기본적인 내용을 설명하는 것이다. 굳이 전문 배우가 되고 싶지는 않다는 결론을 내릴 수도 있다. 전문 배우가 되기로 결정했다면 직업 배우의 세계를 더 상세히 다룬 책, 수업, 동영상 등 많은 자료들을 찾아볼 수도 있다.

전문 배우가 되기로 했다면, 또는 당신의 아이가 전문 배우가 되는 걸 돕기로 했다면 비즈니스 감각과 기술이 필요하다는 것을 알아야 한다. 전문 배우로서 일을 시작하는 것은 스타트업을 시작하는 것과 같다.

전문 배우가 된다는 것

전통적인 의미에서 전문 배우는,

1 배우 노동조합의 회원

2 출연료를 지급하는 배역을 얻기 위해 많은 시간을 투자하는 사람

3 소득의 전부 또는 대부분을 배우 일로 버는 사람

을 말한다. 당신이 성인이고 전문 배우가 되고 싶다면 이 세상에서 연기만큼 당신을 행복하게 하는 것도 없다는 확신이 있어야 한다.

당신이 미성년자이고 전문 배우가 되고 싶다면 연기를 정말 좋아해야 하고, 학업을 비롯해 친구, 가족과 보내는 시간, 다른 흥미로운 분야를 탐색할 시간의 일부 또는 전부를 기꺼이 희생할 수 있어야 한다.

성인인 전문 배우는 대체로 하루를 다음과 같이 보낸다.

1 부업이나 생계유지를 위한 일을 한다. 부업이나 생계유지를 위한 일의 종류에는 제한이 없지만 대체로 임시직, 사무보조, 영업직 등이다. 요컨대 근무시간이 탄력적인 일들이다. 오디션을 보거나 공연, 촬영을 위해 언제든 근무시간을 바꿀 수 있거나

잠시 쉴 수 있는 일이어야 한다.

2 연기 수업을 받는다.

3 오디션을 본다. 한 주에 오디션을 다섯 번 보기도 한다. 한 달에 오디션을 다섯 번 볼 수도 있다. 대개 오디션 일정은 평일 오전 9시에서 오후 6시 사이에 잡힌다. 가끔 오디션이나 콜백 일정이 주말에 잡힐 수도 있다.

4 꾸준히 배역을 맡아서 연기를 한다.

부업이나 생계유지를 위한 일을 그만두고 오직 배우라는 직업에 전념할 수 있을 만큼 돈을 충분히 벌기까지 3년이 걸릴 수 있다. 20년이 걸릴 수도 있다. 그런 날이 절대 오지 않을 수도 있다.

미성년자인 전문 배우는 대체로 하루를 다음과 같이 보낸다.

1 오디션 일정이 잡혀서 학교를 조퇴한다. 그날 예정되어 있던 시험을 보지 못한다.

2 가족 모임을 하는데 에이전트에게 전화가 온다. 한 시간 내로 오디션장으로 오라는 통보를 받

는다.

3 다른 도시나 지역에서 진행되는 프로젝트에 참여하게 되어 3주 동안 집을 떠나 있어야 한다.

4 평일 방과 후 또는 주말에 연기 수업을 받는다.

만약 당신이 미성년자라면 스스로에게 다음과 같은 질문을 해보자.

1 나는 연기를 정말 좋아하는가?

2 연기에 모든 것을 걸 각오가 되어 있는가?

3 그동안 연기 수업과 훈련을 충분히 받아서 전문 배우들과 있을 때 무엇을 해야 하고 어떻게 행동해야 하는지 알고 있는가?

에이전트

에이전트는 당신을 위해 오디션 일정을 잡아주는 사람이다. 에이전시의 규모는 1인 에이전시부터 대형 에이전시까지 다양하고, 일을 하는 방식도 에이전시마다 다르다.

소형 에이전시는 부티크boutique 에이전시라고도 부르는데 '분야를 가리지 않는' 배우를 대리하는 두세 명의 에이전트로 구성된다. 따라서 이런 에이전시는 연극, 영화, TV 광고, 지면 광고, 내레이션 등의 작업에 당신을 추천할 것이다. 에이전시에 따라서는 코미디, 라이브 공연 진행자 등 출연료를 지급하는 모든 작업을 취급하기도 한다.

중간 규모 또는 대형 에이전시는 보통 분야에 따라 부서가 나뉘어 있다. 예를 들어 이런 에이전시에서는 오직 영화 분야만 다루는 에이전트가 1명 이상 있을 것이다.

기획 단계의 프로젝트에 당신을 추천하는 것이 에이전트의 일이다. 당신에게 일감을 제공하는 것은 에이전트의 일이 아니다. 에이전트는 오디션 일정을 잡아준다. 일감을 따내는 것은 당신의 몫이다.

당신이 일을 따내면 에이전트 또는 에이전시가 당신 출연료의 10퍼센트를 수수료로 가져간다.

매니저

에이전트는 당신의 배우 경력을 상시적으로 보조한다. 매니저는 당신에게 더 집중적인 관심을 갖고 당신의 경력을 관리한다. 매니저는 장기적인 관점에서 당신의 경력에 접근하고 당신에게 맞는 전략을 짜도록 돕는다. 경우에 따라서는 매니저가 노동조합 등록 프로젝트에 당신을 추천할 수도 있다.

매니저는 당신이 배우 일로 얻는 소득의 10에서 15퍼센트를 가져간다. 이것은 당신이 에이전트에게 지불하는 10퍼센트 수수료와는 별개로 나가는 돈이다.

배우에게 굳이 매니저가 필요하지 않다는 사람도 있다. 매니저가 도움이 된다는 사람도 있다. 두 주장 모두 일리가 있다. 결국 중요한 것은 당신의 배우 경력이 어느 정도인지, 당신이 고용하려는 매니저의 인맥이 어떤지, 그 매니저의 평판이 어떤지, 당신에게 현재 필요한 것이 무엇인지다. 배우에게 매니저가 필요한가 하는 문제는 늘 논쟁 대상이었다. 결론을 말하자면 당신과 당신의 경력에 무엇이 최선인지부터 생각해야 한다.

당신이 매니저와 대화를 나눈다면 이런 식일 것이다.

"지금 막 공연 투어 일을 하나 잡았어요. 경력에도 아주 도움이 될 거고 출연료도 나쁘지 않아요. 근데 투어 기간이 꽤 길어요. 개인적인 생활은 아주 엉망이 되겠죠. 더 큰 프로젝트를 놓칠 수도 있고요. 하지만 이 공연이 어떤 기회가 될지도 몰라요. 매니저 생각은 어때요?"

반면에 에이전트는 이런 식의 대화에는 관심이 없다.

에이전트가 공연 투어 프로젝트의 오디션에 당신을 추천했고 당신이 그 배역을 따냈다면, 당연히 그 배역을 승낙하고 계약해야 한다고 생각하는 에이전트도 있다. 수수료를 받고 싶어서일 수도 있고, 캐스팅 디렉터에게 전화를 걸어 당신이 배역을 거절했다고 알리는 불편한 입장이 되고 싶지 않아서일 수도 있다. 그런데 그것은 매니저도 마찬가지일 수 있다.

명심할 것은 배역을 맡기로 계약을 하거나 출연료를 지급받기 전까지는 에이전트나 매니저에게 절대로 돈을 지불해서는 안 된다는 점이다. 아직 계약이 진행되기 전에 수수료를 선불로 요구하거나 오디션 응모 수수료를 요구하는 사람은 사기꾼이다.

캐스팅 디렉터

캐스팅 디렉터는 프로젝트에 참여할 배우를 정하는 일을 담당한다. 제작자, 연출자, 광고 에이전시 등에서 고용한다. 캐스팅 디렉터의 일은 오디션을 볼 배우를 선정하고 오디션을 진행하는 것이다. 캐스팅 디렉터는 누구에게 배역을 맡길지 정하는 과정에서 의견을 낼 수는 있지만 최종 결정 권한은 제작자, 연출자, 광고 에이전시에게 있다.

에이전트나 매니저를 구하는 방법

당신을 대리해 줄 사람을 구하는 방법은 여러 가지다. 몇 가지 방법을 예시하자면,

1 에이전트나 매니저에게 직접 연락할 수 있다. 에이전트나 매니저 사무실 웹사이트는 일반적으로 헤드 숏(얼굴을 정면에서 찍은 사진)과 프로필을 제출하는 방법을 공지하고 있다. 우편이나 이메일로 제출하면 된다.

이와 관련된 정보를 구체적으로 알려주는 자료, 책, 웹사이트도 많이 있다.

에이전트나 매니저에게 직접 연락할 때는 자기소개서와 헤드 숏, 프로필을 보내야 한다. 에이전트나 매니저 사무실에서 서류를 별도의 부서에 제출하라고 공지하지 않았다면 서류의 수신인을 사무실이 아닌 특정 에이전트나 매니저로 명시하는 것이 좋다.

위에서 설명한 방법은 캐스팅 디렉터에게 연락을 취할 때도 똑같이 적용된다. 자신을 알리기 위해 캐스팅 디렉터에게 자기소개서, 헤드 숏, 프로필을 직

접 보내는 배우도 있다.

초대를 받았거나 약속을 잡았거나 언제든 들러도 된다는 공지가 없다면 절대로 에이전트, 매니저, 캐스팅 디렉터의 사무실로 찾아가서는 안 된다.

2 에이전트, 매니저, 캐스팅 디렉터, 기타 연극·영화계 사람들과의 미팅을 주선하는 학교도 있다. 그런 수업, 워크숍, 모임을 위해 당신이 학교에 등록금을 지불하는 것이다. 그들 앞에서 독백이나 장면을 연기하거나 노래를 부를 수도 있다. 에이전트, 매니저, 캐스팅 디렉터와 일대일 면담을 할 수도 있다. 일이 잘 풀리면 그 에이전트, 매니저, 캐스팅 디렉터에게 연락이 와서 구체적인 사항들을 논의하는 미팅으로 이어질 수도 있다.

사전 조사를 해서 평판이 좋은 학교를 찾아라. 그런 학교에 다니는 것은 업계 사람을 만나는 효율적이고 적절한 방법이다. 많은 배우가 그런 식으로 인맥을 쌓았다.

3 쇼케이스도 잘만 기획하면 효과가 좋을 수 있다. 쇼케이스는 여러 배우가 기획해 저녁 식사 자리를 마련하여 여러 장면의 연기를 선보이는 행사다.

쇼케이스에는 업계 사람들을 초대한다. 그리고 그들이 당신 연기가 마음에 들어 미팅을 제안하기를 기대하면서 공연을 한다. .

4 친구가 자신의 에이전트를 소개할 수도 있다. 친척이 아는 사람이 매니저일 수도 있다. 에이전트에게 길거리 캐스팅을 당할 수도 있다. 당신이 상상할 수 있는 모든 것이 가능하다.

에이전트나 매니저는 팔릴 만한 배우를 찾는다. 당신의 외모나 이력을 영업 진략으로 삼는다. 그는 캐스팅 디렉터인 지인에게 연락해 이렇게 말할 것이다. “막 계약한 새로운 배우가 있는데, 꼭 한번 만나보세요. 정말 재능이 있어요.” 에이전트와 매니저는 돈을 버는 것이 목적이다. 당신은 그들이 판매하는 상품이다.

에이전트와 매니저는 주 중 영업시간에(그리고 주말에도) 언제라도 오디션을 볼 수 있는 배우를 원한다. 언제라도 배역을 맡아서 일할 준비가 된 배우를 원한다.

처음 배우가 되면 자신을 대리해 줄 사람을 찾기가 어렵다. 막 연기를 시작했다면 내세울 만한 경력도 없을 것이다. 일단 어느 정도 연기 훈련을 받고 예술성을 키웠다면 출연작 목록을 손볼 차례다. 작은 극단에서 일하고 저예산 영화에 출연하라. 사람들을 만나라. 시간이 좀 걸리겠지만 차근차근 프로필의 출연작 목록이 길어지고, 인맥도 쌓이고, 이런저런 연극이나 영화에 얼굴을 내밀 수 있게 된다. 당신이 출연한 저예산 영화가 영화제에서 주목받을 수도 있고 당신이 출연한 연극이 호평을 받을 수도 있다. 에이전트, 매니저, 캐스팅 디렉터는 경험이 풍부하고, 헌신적이고, 연기 훈련을 제대로 받은 진지한 전문배우와 일하고 싶어 한다.

어떤 배우는 자신의 대리인을 금세 찾아 크고 작은 배역을 따낸다. 일이 꾸준히 들어오는 배우도 있다. 그렇지 않은 배우도 있다. 수업을 듣고 무료로 작품에 참여하면서 에이전트를 찾기까지 오랜 세월을 보내는 배우도 있다. 배우 생활 내내 에이전트나 매니저 없이 활동하는 경우도 있다. 길은 한 가지가 아니다.

연기 훈련을 하고 연기 경험을 쌓고 예술성을 기르는 데 힘쓰면, 오래 가고 만족스러운 배우 생활을 할 확률이 높아진다.

에이전트나 매니저와의 미팅

에이전트나 매니저와 미팅이 잡혔다면 다음 몇 가지를 유념해야 한다.

1 캐주얼 정장 차림으로 가라. 미성년자라면 고급 레스토랑에 갈 때 입을 만한 복장을 입으라는 말이다. 헤드 숏과 같은 모습이어야 하고, 오디션을 보러 가는 사람처럼 준비하고 나서라.

2 독백 하나 이상을 연기할 준비를 하자. 작은 사무실에 앉아 있는 에이전트 한 명 앞에서 연기를 해야 할 수도 있다. 회의실에서 그 에이전시 사무실의 모든 직원이 지켜보는 가운데 연기를 해야 할 수도 있다. 당신이 연기하는 모습을 카메라로 촬영할 수도 있다. 모든 경우의 수에 대비하라.

3 미팅 자리에서 연기 경험에 대한 질문을 받을 수 있다. 그러나 대개는 당신이 어떤 사람인지를 알고 싶어 하는 것이다. 연기나 공연 예술과는 전혀 관계없는, 당신에 대한 이야깃거리를 적어도 다섯 가지는 준비하자. 에이전트에게 질문을 하고 에이전트가 흥미로운 사람인지도 알아보자.

에이전트나 에이전시에 관한 정보를 인터넷이나 책에서 찾을 수 없다면 질문을 하라. 얼마나 많은 배우를 관리하는지 물어보자. 에이전트가 잘 알고 연락하며 지내는 캐스팅 디렉터는 누구인가?

에이전트나 매니저와의 관계는 일상에서 당신이 친밀하게 지내는 사람과의 관계와 비슷해야 한다. 서로 호감이 있고, 서로 믿을 수 있고, 함께 시간을 보내고 싶어야 한다. 미팅을 하면서 당신은 그 에이전트나 매니저와 그런 관계가 될 수 있는지 판단해 봐야 한다. 당신이 개인적으로 호감을 느낄 수 없는 에이전트나 매니저는 당신에게 맞지 않는 사람이다.

4 당신이 어떤 유형인지에 대한 질문에 답을 준비하라. 에이전시는 당신을 어떻게 팔 수 있을지 알고 싶어 한다. 당신은 재미있고 수다스럽고 외향적인 사람인가? 조용하고 감수성이 예민하고 소극적이고 내향적인 사람인가? 학생회 회장 역할에 어울리는 사람인가 아니면 학생들을 괴롭히는 역할에 어울리는 사람인가?

우리는 누구나 상황에 따라 다른 사람이 된다. 그러나 거의 모든 환경에서 대체로 동일한 사람으로 지내곤 한다. 우리는 특정 유형의 인물을 특히 더 잘 연기하는 경향이 있다.

자신이 어떤 유형에 속하는지 알아내기는 쉽지 않다. 자신이 어떤 사람인지 잘 이해해야만 가능한 일이다. 연기 훈련을 받으면서 당신은 자신에게 가장 잘 어울리는 인물의 유형이 무엇인지 파악하게 될 것이다. 만 15세 미만이라면 당신이 어떤 부류의 사람인가 같은 질문은 받지 않을 수도 있다.

자신이 어떤 사람인지 망설임 없이, 당당하고 정확하게 설명할 수 있어야 한다.

에이전트는 자신이 어떤 사람인지 잘 아는 배우를 좋아한다. 그의 일이 수월해지고 업계의 기본적인 특성을 이해하는 배우라는 확신이 생기기 때문이다.

5 당신이 좋아하는 배우가 누구인지, 좋아하는 연극이나 영화가 무엇인지 질문을 할 수도 있다. 당신이 유명 배우 중 누구와 비슷한지, 그 배우가 연기한 배역 중에 당신에게 어울리는 배역은 무엇인지 물을 수도 있다.

재미있고, 재치 넘치고, 신뢰할 수 있고, 매력적

이면서 연기를 사랑하고 자신의 일에 자부심을 느끼는 에이전트, 매니저, 캐스팅 디렉터도 있다. 그렇지 않은 에이전트, 매니저, 캐스팅 디렉터도 있다.

프리랜서와 계약

일이 잘 풀리면 에이전트나 매니저가 자신과 프리랜서로 일하거나 계약을 하자고 제안할 것이다.

프리랜서로 일한다면 계약서가 오가지 않는다. 그냥 에이전트나 매니저가 당신을 프로젝트에 추천할 것이다. 경과가 좋다면 일정 시간이 지난 뒤 그 에이전트나 매니저와 계약을 하게 될 것이다. 계약서에 서명하기 전까지는 다른 에이전트나 매니저와도 일할 수 있다.

에이진트와 계약을 하면 다른 에이전트와는 일할 수 없다. 계약서에는 그 에이전트가 어떤 분야에서 당신을 대리하는지와 관련 법적 내용이 명시되어 있을 것이다. 예를 들어 어떤 에이전트가 영화 분야에서 당신을 대리하기로 계약을 맺었다면 다른 에이전트를 통해 영화 배역에 지원할 수 없다.

당신이 반드시 알아야 할 사항 몇 가지를 정리하자면,

1 에이전트는 '분야를 가리지 않고' 당신을 대리할 수 있다.

2 연극 분야에서는 A 에이전트가 당신을 대리하고 광고업계에서는 다른 에이전시에서 일하는 B 에이전트가 당신을 대리할 수 있다. 이외에도 여러 가지 다른 방식으로 영역 분담이 이루어질 수 있다.

3 매니저는 단 한 명만 둘 수 있다.

4 매니저가 있어도 한 명 이상의 에이전트와 일할 수 있다.

캐스팅 과정

캐스팅 과정을 시작부터 끝까지 개략적으로 정리한다면 다음과 같다.

1 제작자, 연출자, 광고 에이전시가 프로젝트를 기획한다. 지금부터 이 프로젝트의 기획자를 제작자라고 통칭하겠다.

2 제작자는 캐스팅 디렉터를 고용한다. 일부 제작사에는 상근 캐스팅 디렉터가 있다.

3 캐스팅 디렉터는 배역 목록을 만들고 각 등장

인물의 캐릭터 묘사를 정리한 다음 브레이크다운을 만든다(9장에 브레이크다운의 예가 나온다).

4 캐스팅 디렉터는 프로젝트 브레이크다운을 브레이크다운 서비스업체에 보낸다.

5 브레이크다운 서비스업체는 넘겨받은 브레이크다운을 자사에 등록된 모든 에이전트와 매니저에게 이메일로 전송한다.

6 브레이크다운을 전송받은 에이전트와 매니저는 배역에 어울린다고 생각하는 배우를 추천한다.

7 추천받은 배우 중에서 캐스팅 디렉터가 오디션에 부를 배우를 고른다.

8 에이전트가 당신에게 연락해 오디션 일정을 알린다.

9 오디션과 프로젝트 제작 일정을 확인한 뒤 오디션 참가 여부를 알린다.

10 배역을 따냈거나 콜백을 받으면 에이전트나 매니저가 당신에게 연락한다. 오디션에서 탈락했다면 연락이 없을 것이다.

오디션에서 무언가를 아주 크게 잘못했다면 연락을 받을 수도 있다. 예를 들어 캐스팅 디렉터가 당신이 준비를 제대로 하지 않았다고 생각하거나 지금까지 늘 준비가 미비했다고 생각하면 이 사실을 에이전트에게 전달할 것이다. 에이전트는 당신에게 연락을 해 그런 문제점을 고치라고 조언할 것이다.

캐스팅 디렉터에게 직접 연락을 받을 수도 있다. 앞서 말했듯이 오디션 기회를 얻기 위해 자기소개서, 헤드 숏, 프로필을 캐스팅 디렉터에게 직접 보내는 배우도 있다.

캐스팅 디렉터가 자신에게 연락하라고 확실하게 말하지 않았다면 그에게 먼저 연락해서는 안 된다. 캐스팅 디렉터가 사무실로 찾아오라고 확실하게 말하지 않았다면 그의 사무실에 찾아가서는 안 된다.

에이전트나 매니저를 거치지 않고 직접 오디션을 신청할 수 있을까?

브레이크다운 서비스업체에 등록하려면 에이전트 허가증이 있어야 한다. 매니저라면 업체에서 구체적으로 명시한 조건을 갖춰야 등록할 수 있다.

에이전트나 매니저 없이 프로젝트 브레이크다운을 얻을 방법을 모색하는 배우도 있다. 그렇게 하는 것은 위험하다. 2011년 로스앤젤레스의 한 배우가 브레이크다운을 다른 배우에게 배포하는 불법 행위를 저질러서 감옥에 20일간 수감되었고 브레이크다운 서비스업체에 130만 달러를 배상하라는 판결을 받았다.

캐스팅 디렉터가 현재 캐스팅을 진행하고 있는지를 합법적인 방법으로 알아낼 수는 있다. 그러나 당신이 특정 배역에 어울리는지 모르는 상태에서 오디션을 신청하는 것은 크게 도움이 되지 않는다. 구체적인 정보 없이 마구잡이로 응모하는 것은 시간 낭비이지만 그렇게 해서 오디션 기회를 얻은 사람도 있기는 하다.

헤드 숏

좋은 헤드 숏은,

1 당신처럼 생겼다.

2 당신이 어떤 사람인지를 보여준다.

3 조명을 잘 받았다.

4 클로즈업 숏이다.

헤드 숏 찍는 법

1 일반적으로 광고 작업에 제출하는 얼굴 사진은 웃는 표정으로 찍는다. 진지한 표정으로 찍은 사진은 대체로 연극이나 영화 작업에 제출한다.

2 스튜디오나 야외에서도 찍을 수 있다. 어디에서 찍는지는 중요하지 않다.

3 무늬가 없는 단색의 상의를 입어야 한다.

4 하얀색 옷은 피하라.

5 브랜드 로고가 박혀 있거나 무늬가 있는 옷은 입지 않는다. 사진을 보는 사람의 시선이 당신의 얼굴과 눈으로 향하게 해야 한다.

6 시선을 분산시키는 장신구는 착용하지 않는다.

7 맨살을 너무 많이 노출하지 않는다.

헤드 숏과 실물이 되도록 같아야 한다. 사진을 위해 평소와 다른 머리 스타일을 하거나 진한 화장을 하지 않는다.

아는 사람에게 부탁해서 무료로 헤드 숏을 찍을 수도 있고 프로 사진가에게 돈을 주고 찍을 수도 있다. 누가 사진을 찍든지 간에 배우의 헤드 숏이 졸업 앨범 사진이나 일상 사진, 예술 사진과 어떻게 다른지 아는 사람이어야 한다. 프로 사진가를 쓰기로 했다면 촬영 전에 그를 먼저 만나보자. 사진가의 성격이 마음에 들지 않는다면 사진도 제대로 나올 리가 없다.

에이전트나 매니저가 사진가 추천 목록을 제공하기도 한다. 에이전트나 매니저가 단 한 명의 사진가를 추천하면서 찾아가라고 말한다면 사기를 치고 있는 것이다.

헤드 숏의 크기는 가로 20센티미터 세로 25센티미터여야 한다. 전문가용 인쇄기에서 출력해야 한다. 전문가용 인쇄기를 가지고 있거나 사용할 수 있다면 그 인쇄기로 출력하면 된다. 직접 출력할 때는 가로 20센티미터 세로 25센티미터의 용지나 A4 용지에 출력하면 된다. 헤드 숏에는 반드시 당신의 이름을 기입해야 한다.

오디션을 보러 갈 때는 반드시 헤드 숏과 프로필을 최소한 한 장씩 챙겨 가자. 요즘에는 모든 자료가 디지털화되어 있어서 필요 없는 경우가 많지만 만약에 대비하는 것이 좋다.

업계 관계자를 만나거나 만날 가능성이 있을 때는 무조건 헤드 숏과 프로필을 들고 나가야 한다.

헤드 숏과 프로필을 늘 가지고 다니는 배우도 있다.

프로필

다음(162쪽)은 프로필 샘플이다.

키와 몸무게 정보를 다른 식으로 적거나 연락처 정보를 왼쪽 상단에 배치하기도 한다. 여기에 예시한 샘플은 표준 프로필 양식을 따랐다.

프로필 쓰는 법

1 연극 오디션을 본다면 연극 이력을 먼저 쓰자.

2 영화 오디션을 본다면 영화 이력을 먼저 쓰자.

3 프로필에 나이는 기입하지 않는다.

4 에이전트나 매니저의 연락처 정보를 잊지 말고 반드시 기입한다.

5 에이전트나 매니저가 없다면 당신의 연락처를 적는다.

6 연기 경력이 많지 않다면 '대표 배역' 항목을 넣자. 수업 시간에 연기한 배역을 기입하면 된다.

7 아직 많이 어리다면 특기와 관련 자격증이 도움이 될 것이다.

8 프로필에 학교 연극 경력을 적는 것도 가능하다.

당신의 이름

키 160	**머리카락** 갈색	**연락처** 전화번호
몸무게 65	**눈동자** 갈색	

영화

영화 제목	배역	연출자 또는 제작사
영화 제목	배역	연출자 또는 제작사
영화 제목	배역	연출자 또는 제작사

연극

연극 제목	배역	연출자 또는 극장 이름
연극 제목	배역	연출자 또는 극장 이름
연극 제목	배역	연출자 또는 극장 이름

(현재 계약 중인 광고 작업 정보는 요청이 있을시 제공)

학력 및 이수 교육과정

학교 이름, 주소

- 교사명(연기)
- 교사명(카메라 연기 수업)
- 교사명(무예)

학교 이름, 주소

학교 이름, 주소

특기 및 관련 자격증

스포츠(특히 농구)

노래(바리톤)

사교댄스 상급자

(기타 흥미를 끌 만한 내용을 적을 것!)

9 대다수 도시에서는 자신이 출연한 광고 작업 목록은 프로필에 적지 않는다.

10 백지에 출력하거나 헤드 숏 뒷면에 출력한다. 별도의 종이에 출력했다면 헤드 숏에 스테이플러로 부착한다. 헤드 숏과 크기가 같도록 프로필을 자른다. 네 모퉁이 모두를 스테이플러로 봉한다. 미팅이나 오디션 장소로 나서기 전에 헤드 숏에 프로필을 부착한다.

11 프로필을 특수종이에 출력하거나 반짝이를 뿌리는 등 화려하게 장식하지 말자. 읽기 쉽도록 깔끔하게 만들어라.

12 프로필에 거짓 정보를 넣지 마라.

비노조 대 노조

미국 영화, TV, 라디오 배우의 노조는 전미배우조합 Screen Actors Guild/American Federation of Television and Radio Artists, SAG/AFTRA이다. 연극 배우의 노조는 전미연극배우조합Actors' Equity Association, Equity이다. 이들 노조의 웹사이트에서는 당신이 궁금해할 법한 질문에 대한 답을 대부분 찾을 수 있다. 웹사이트에서 질문에 대한 답을 찾지 못했다면 전화를 걸어보라.

당신이 알아야 할 기본 정보는 다음과 같다.

1 비노조 제작사는 노조 규칙의 적용을 받지 않으며 자체 규칙을 따른다. 대다수 비노조 제작사는 배우를 존중하는 의미에서 배우조합의 기본 규칙을 따른다. 물론 예외도 있다. 비노조 작업을 추진하는 제작사나 제작자와의 작업은 사전 조사를 철저히 해야 한다.

2 에이전트, 매니저, 캐스팅 디렉터는 비노조 제작사와도 일한다.

3 비노조 프로젝트는 막 시작한 신인 배우에게는 좋은 기회가 될 수 있다. 비노조 제작사의 작품에는 주로 학생, 신인 배우, 독립 제작자가 참여한다.

4 당신이 막 배우 세계에 발을 들였거나 아직 경력이 적은 신인급 배우라면 비노조 프로젝트에서 기회를 더 많이 찾을 수 있다. 이런 작품의 오디션 기회나 배역은 에이전트나 매니저의 도움 없이도 얻을 수 있다.

5 노조 회원이 아니어도 노조 프로젝트의 오디

션을 볼 수 있다.

6 노조 회원이 아닌데 노조 프로젝트 작품에서 배역을 맡았다면 노조에 가입할 수 있다.

7 일단 노조에 가입하면 비노조 제작사와 일할 수 없다. 비노조 제작사나 독립 제작자가 노조 회원과 일하는 데 필요한 서류를 조합에 제출한 경우는 예외다. 배우조합은 이런 상황에 적용되는 특별 계약서와 합의서를 마련하고 있다.

배우조합 가입 여부는 각 배우의 사정에 따라 결정해야 한다.

엑스트라

장면에 배경이 되는 엑스트라로 프로젝트에 참여하면 세트장이 어떻게 돌아가는지 배우기 좋다. 운이 좋다면 대사가 있는 단역으로 승급할 수도 있다. 엑스트라로 일하는 것은 영화 제작에 대한 지식을 늘리는 정직한 방법이다. 그러나 전문 배우 세계에서는 엑스트라를 연기 작업으로 취급하지 않으므로 프로필에 실어서는 안 된다.

연극·영화업계에 대한 마지막 조언

배역을 따내고 출연 계약을 했다면 영화 제작이 시작되는 순간부터 당신은 자신이 무엇을 해야 하는지 당연히 알고 있어야 한다. 열 살짜리가 했다면 용서받을 수 있는 실수도 열다섯이 하면 용서받을 수 없다. 스물두 살인 배우가 어떤 식으로든 준비가 미흡하다면 배우 경력에 큰 타격을 입거나 평판이 회복 불가능할 정도로 떨어질 수도 있다.

연기 훈련을 받았거나 연기 경험이 있는 배우는 훈련을 전혀 받지 못한 배우보다 더 나은 대우를 받는다. 내가 법정에 서야 한다면 법교육을 받고 변호 경험이 있는 변호사가 나를 변호하기를 바랄 것이다. 내가 수술을 받아야 한다면 의학교육을 받고 수술 경험이 있는 수술의가 나를 수술하기를 바랄 것이다. 내가 영화나 연극을 제작하기에 충분한 자금을 마련했다면 연기 훈련을 받고 연기 경험이 있는 배우를 고용하고 싶을 것이다. 올림픽 출전 선수나 전문 피아니스트가 되려면 엄청난 노력과 헌신이 필요하듯이 훌륭한 배우가 되려면 엄청난 노력과 헌신이 필요하다.

전문 배우가 되려면 엄청난 시간, 투자, 노력, 에너지,

돈을 들여야 한다.

연기에 관한 마지막 조언

연기는 결코 쉽지 않고 쉬워지지도 않는다. 헌신하고 힘들게 노력하고 훈련해야 하는 아주 어려운 일이지만 도전할 가치가 있고, 또 큰 보람을 얻을 수 있는 일이기도 하다. 뛰어난 배우는 연기를 진심으로 대하고 예술가로 성장하기 위해 평생을 바친다.

당신이 막 연기를 시작했다면 아직은 얼마나 많은 시간과 노력을 연기에 투자하고 싶은지 모를 수도 있다. 이 예술에 인생을 거는 사람도 있다. 다른 일을 하면서 연기를 취미로 즐기는 사람도 있다.

당신의 목표가 무엇이건 간에 연기를 공부하면서 삶과 인간의 조건에 대해, 자기 자신에 대해 소중한 지식을 얻을 수 있을 것이다. 연기는 아주 강렬하고 즐거운 자기표현의 한 양식이다.

글쓰기 연습

11장

당신이 표현의 한 양식으로서 연기를 좋아한다면 글쓰기도 좋아할 가능성이 높다. 지금까지 등장인물을 창조하는 법에 대해 배운 것을 떠올려 이 장에 나오는 글쓰기 연습과제에 적용해 보자.

글쓰기 연습과제를 시작하기 전에 이야기와 스토리텔링에 대해 조금 알아보자.

이야기란 무엇인가?

이야기는 무언가를 원하는 어떤 사람을 다룬다. 이야기가 끝날 무렵 그 사람은 자신이 원하는 것을 얻거나 얻지 못한다. 일반적으로 이야기에는 시작, 중간, 끝이 있다.

구조

이야기의 시작에서는 한 등장인물이 평범한 삶을 살고 있다.

어떤 사건이 벌어지면서 그 등장인물의 평범한 삶이 뒤집히고 그래서 행동에 나서게 된다. 이런 사건을 때로는 '도발적 사건inciting incident'이라고 부른다. 이 사건으로 등장인물은 자신이 원하는 무언가를 얻기 위해 전력을 다하게 된다. 또는 자신이 원하지 않는 것에 맞서 싸울 수도 있다.

등장인물이 원하는 것을 얻기 위해 고군분투하면서 이야기가 전개된다. 등장인물은 크고 작은 성공과 실패를 겪는다. 적대적인 세력이나 요인(내부적, 대인적, 외부적 등)이 등장인물이 목표를 달성하는 것을 방해한다. 이야기는 다음 중 하나 이상의 방향으로 전개된다.

1 주인공이 행동에 나선다.

2 다른 인물이 행동에 나선다.

3 주인공이 감춰진 정보를 밝혀낸다.

4 다른 인물이 감춰진 정보를 밝혀낸다.

주인공은 행동에 나서거나 새로운 정보를 획득하고 그에 따라 자신이 원하는 것을 이루거나 이루지 못하는 지점에 도달한다. 이것이 그 이야기의 절정이다.

보충설명을 하자면, 이야기는 인물이 행동에 나서지 않기로 해야 앞으로 나아갈 수 있다. 정보가 감춰져 있어야 이야기가 앞으로 나아갈 수 있다.

그리고 이야기가 마무리된다. 주인공은 여정에 올랐고, 이제 어떤 식으로든 변했고, 이야기의 시작에서와는 다른 사람이 되었다. 주인공이 아무 변화도 겪지 않는 경우도 있다.

앞서 살펴본 요소들의 일부 또는 전부가 당신의 이야기에 포함될 수 있다. 일반적으로는 이야기의 독자나 청중에게 도발적 사건과 절정을 보여주는 것이 중요하다.

이것은 흥미롭고 생생한 이야기의 아주 기본적인 뼈대에 불과하다. 스토리텔링 기법과 이론은 그 자체로 연기 세계와는 별도로 존재하는 한 분야다. 그러나 많은 배우가 글쓰기에서 큰 즐거움을 얻고 많은 작가가 연기에 끌린다. 창의적인 사람은 종종 여러 예술 분야에 발을 담근다.

이야기 예시

8장에서 대본 분석을 설명할 때 사용했던 이야기를 다시 한번 살펴보자.

평소 삶 마빈은 대부분의 시간을 비디오 게임을 하면서 보낸다.

도발적 사건 마빈의 친구 이케가 마빈을 댄스 경연대회에 응모시켰다. 대회의 우승자는 유명 댄스 그룹의 일원이 된다.

전개 마빈은 댄스 연습을 한다. 파티에 간 마빈이 댄스 실력을 뽐내자 모두가 환호한다. 이케는 마빈에게 대회에서 우승하려면 안무를 짜고 독창적인 춤 동작을 개발해야 한다고 말한다. 마빈은 독창적인 춤 동작을 개발하려고 애쓴다. 마빈은 열사병에 걸리고 환자 신세가 된다. 댄스 대회날이 되었는데도 마빈은 여전히 컨디션이 좋지 않다.

절정 댄스 대회가 예정대로 진행된다. 마빈

은 겨우 침대에서 나와 대회에 출전해 자신이 짠 안무를 보여주는 데 성공한다. 심사위원이 점수를 내는 동안 이케가 심사위원에게 뇌물을 건네는 장면을 목격한다. 이후 이케가 댄스 경연 대회 우승자로 뽑힌다.

해결 마빈은 대학 등록금을 모으기 위해 춤을 가르치면서 돈을 번다.

이것은 아주 훌륭한 스토리 아이디어가 될 수 있다. 조금 더 다듬어야 할 필요는 있을 것이다. 또는 아예 다른 이야기를 만들어내는 편이 시간을 아끼는 것이라는 생각이 들 수도 있다. 어느 쪽이건 이야기를 짜는 데 시간을 투자할 때는 다음을 명심해야 한다.

1 이야기가 당신의 흥미를 끌어야 하고 글쓰기 작업 내내, 시작부터 끝까지 그런 흥미가 계속 유지되어야 한다.

2 이야기의 대주제는 당신의 신념과 일치해야 한다. 앞서 살펴본 이야기의 대주제는 대략 다음과

같다. "이기건 지건, 무언가를 위해 열심히 노력하면 반드시 남는 것이 있다." 아마도 그런 이야기일 것이다. 확실한 것은 이야기를 더 구체적으로 다듬고 시간이 좀 더 지나봐야 알 수 있을 것이다. 글쓰기 작업이 어느 정도 진행되어야만 이야기의 대주제가 드러나는 경우도 있다. 그러나 이야기의 주요 동력은 당신의 가치관에서 나와야 한다. 당신은 노력이 가치가 있다고 생각하고, 어떤 결과를 얻든 노력하는 것 자체만으로도 성장할 기회를 얻는다고 믿는 사람일 수 있다. 그런 당신의 신념을 표현하기에 마빈과 댄스 경연 대회 이야기가 적합한지 확신이 서지 않는다. 그렇다면 시간을 두고 조금 고민을 해보자. 어떤 경우에는 스토리 아이디어가 당신이 하고 싶은 주제를 표현하기에 적합한지 아닌지 바로 알 수도 있다.

이런 원칙과 개념은 한 페이지짜리 장면에도, 장편영화에도 적용할 수 있다.

연극과 영화

연극과 영화의 무대는 한 장소일 수도, 여러 장소일 수도 있다. 등장인물이 하나일 수도, 수백 명일 수도 있다.

일반적으로 연극은 대화를 통해 등장인물의 생각, 감정, 가치관을 탐색한다. 연극은 대화문으로 이끌어 나간다.

영화는 관객에게 등장인물이 무슨 생각을 하고, 무슨 감정을 느끼고, 무슨 신념을 지니고 있는지를 등장인물의 행동으로 보여준다. 시나리오는 관객에게 보이는 것을 묘사한다. "말하지 말고 보여줘라."는 시나리오 세계에서 자주 인용되는 경구다.

형식

연극 극본, 영화 시나리오, TV 시나리오, 광고 시나리오, 기타 모든 창작 글쓰기는 특수한 형식을 따른다.

예를 들어 59쪽에 나온 대본 분석 예시는 극본의 형식을 따랐다. 125쪽에 나오는 오디션용 쪽대본 예시는 영화 시나리오 형식을 따랐다.

어디에서 스토리 아이디어를 얻는가?

아이디어는 어디에서든 얻을 수 있다.

1 당신의 경험, 인간관계 등 당신 삶에서 스토리 아이디어를 얻을 수 있다.

2 다른 사람의 경험에서 아이디어를 얻을 수 있다.

3 글을 읽고 아이디어 영감이 떠오를 수 있다.

4 상상력을 활용한다.

5 갑자기 영감이 번뜩 떠오를 수도 있다.

워크시트와 연습과제

'아이디어 만들기 연습'은 스토리 아이디어를 자극하기 위해 설계되었다. 여기서는 가이드라인을 부여했다. 제한이 가해지면 오히려 자유로워진다.

'이야기 워크시트'는 이야기의 주요 내용을 짜는 데 도움이 될 것이다. 반드시 첫 번째 질문부터 차례차례 답해나가야 하는 것은 아니다. 마음에 드는 질문을 골라서 시작하고 순서에 관계없이 끌리는 대로 답해도 된다. 아이디어를 적었는데 이야기의 다른 요소를 선택하다가 더 좋은 아이디어가 떠오르기도 한다. 많은 작가가 마지막 질문에서 시작해 거꾸로 올라가기도 한다.

글쓰기 연습과제

아이디어 만들기 연습과제 #1

가이드라인

- 아래에서 아무 문장이나 골라 그 문장을 촉매제로 삼는다.
- 이야기에 대화문이 꼭 있어야 하는 것은 아니다.
- 장르를 선택하라. 장르의 예로는 코미디, 공포, 멜로물 등이 있다.
- 이야기의 길이는 1분을 넘기지 마라. 그보다 짧은 것은 괜찮다.
- 이야기는 당신이 지금 있는 방이나 공간을 무대로 전개한다.
- 화장실 유머나 부적절한 소재를 다루지 마라.

문장들

"그걸 생각하면 돌아버리겠어."

"아래층에 가방을 두고 왔어."

"이건 내가 원한 삶이 아니야."

"오늘 아침 뭘 입어야 할지 모르겠더라고."

"이것 봐. 이런 건 나도 처음 해봐."

"뭔가 아주 이상한 일이 벌어지고 있어."

"왜 하필 나야? 왜 이런 일은 항상 나한테 일어날까?"

"네 생각에는 이게 언제쯤 바뀔 것 같아?"

"아파. 이것도 아파. 이것도 아픈가?"

"부모님이 지금 나를 보면 부끄러워하실 거야."

"평생을 가도 이해 못 하는 사람도 있어."

"그 사람은 정말 최고야. 나도 그 사람처럼 되고 싶어."

"아깝네."

"나 지금 불편해. 정말 불편해."

"역시 하지 말았어야 했어."

"남은 음식이 원래보다 더 맛있는 법이지."

"바로 여기서 나는 멘붕이 왔어."

아이디어 만들기 연습과제 #2

가이드라인

- 다음 문장 중 아무거나 하나를 골라 촉매제로 삼자.
- 대화문은 최대 6줄까지 포함할 수 있다.
- 다음에 나오는 문장 중 적어도 하나 이상이 당신

이야기에 들어가야 한다.

- 장르를 선택하라. 코미디, 공포, 멜로물 등이 있다.
- 이야기의 길이는 3분을 넘겨서는 안 된다. 그보다 짧은 것은 괜찮다.
- 이야기 무대는 현재 당신이 있는 방이나 공간이다.
- 화장실 유머나 부적절한 소재를 다루지 마라.

문장들

"저쪽, 바로 저기에 있어."

"이번이 진짜 마지막이다. 다시는 안 해줘."

"모든 것에는 끝이 있기 마련이다."

"이건 바보 같은 짓이야."

"생각만 해도 머리가 아프다."

"다시는 안 할 거야."

"이거 내가 만들었어."

"이걸로는 안 돼. 한 번도 제대로 통한 적이 없지."

"여기 뭔가 느낌이 이상해."

"아쉽다."

"안타깝다."

"계속 노력해. 언젠가는 될 거야."

"이제야 좀 머리를 쓰는군."

"이 순간을 아주 오랫동안 기다려왔어."

"이보다 더 흥분되는 건 없어."

"제자리에 갖다 놔."

"이건 좀 아닌 것 같아."

아이디어 만들기 연습과제 #3

가이드라인

- 당신이 겪은 가장 수치스러웠던 일을 골라서 이야기의 촉매제로 삼아라. 당신이 수치심을 느낀 순간을 정확히 밝힐 필요는 없다. 사건의 구체적인 내용을 바꿔서 당신이 수치스러웠던 순간을 변형하라.
- 이 이야기에는 대화문을 마음껏 넣어도 좋다.
- 장르를 선택하라. 코미디, 공포, 멜로물 등등.
- 이야기의 길이에는 제약이 없다.
- 이야기의 무대도 제약이 없다.
- 화장실 유머나 부적절한 소재를 다루지 마라.

스토리 워크시트

이야기 구조

시작

- 주인공이 평소처럼 하루를 보내고 있다.
- 아마도 주인공의 삶에는 뭔가 부족한 점이 있는 듯하다. 주인공이 그것을 느끼고 있을 수도 있고, 느끼지 못하고 있을 수도 있다.
- 주인공의 삶을 묘사한다.

도발적 사건

- 이야기 초반에 어떤 사건이 벌어지고 주인공의 세계가 뒤집히면서 주인공이 행동에 나서야 한다. 이제 주인공은 원하는 것이 생겼다.
- 그 사건을 묘사한다. 주인공이 원하는 것이 무엇인지 묘사한다.

전개

- 주인공은 원하는 것을 얻기 위해 노력한다. 크고 작은 실패를 겪는다.

묘사

- 큰 성공
- 작은 실패
- 큰 실패

절정

- 주인공 또는 다른 등장인물이 행동을 취하는 순간에 도달했다. 또는 주인공이 감춰진 정보를 찾아내거나 다른 등장인물이 정보를 제공한다. 주인공은 원하는 것을 얻거나 얻지 못한다.
- 주인공이나 다른 등장인물이 취한 행동을 묘사한다. 주인공이 찾은 정보 또는 다른 등장인물이 제공한 정보가 무엇인지 설명한다.

해소

- 주인공이 원하는 것을 얻거나 얻지 못한 그 이후의 주인공을 보여준다.
- 주인공의 삶을 묘사한다.

1 주인공의 전체 목적이 무엇인가?

2 주인공은 원하는 것을 좇는 과정에서 어떤 장애물을 만나는가?

3 주인공은 원하는 것을 얻는가?

4 이야기가 끝날 무렵 주인공의 삶은 어떻게 바뀌었는가?

짧은 독백

12장

이 장에는 성별에 상관없이 활용할 수 있는 짧은 독백을 모아두었다. 화자의 상대가 누구인지, 화자가 어디에서 말하고 있는지 등 기타 조건들은 해석하기 나름이므로 배우가 선택해야 한다.

#1

언젠가는 그 사람이 가고 없을 거라는 사실에서 위안을 얻고 싶지만 또 다른 개자식이 그 자리를 차지하겠죠.

나는 어디에 있는가?

나는 누구에게 말하고 있는가?

나는 그 사람/사람들에게 어떤 감정을 느끼고 있는가?

이 장면 시작 직전에 무슨 일이 있었는가?

이 장면에서는 어떤 일이 벌어지고 있는가?

지금 나에게는 무슨 일이 일어나고 있는가?

나는 무엇을 원하는가?

나로 인해 이 장면은 어떻게 바뀌는가?

#2

늘 미소를 띠고 있는 사람을 보면 그 사람이 행복한 건지 멍청한 건지 모르겠어요. 산다는 게 고역이라는 것을 모르거나 아무도 얘기해 주지 않은 거겠죠.

#3

우리 사회에서 창의력이 뛰어나거나 최고의 리더십을 가진 사람들의 일부는 자기밖에 모르는 이기주의자입니다. 그들은 사회문제에는 뜨거운 열정을 보이지만 주변 사람들을 존중할 줄 모르죠. 저도 그런 사람 중 한 명입니다.

#4

오래된 친구들과는 거의 연락하지 않아요. 저는 변했어요. 친구들도 변하거나 멀리 떠났어요. 이사 갔어요. 오래된 우정이 그립지만 계속 함께했다면 지금쯤은 실망했으리라는 걸 알아요. 특히 멀리 떠난 친구들에게는 서운함을 느꼈겠죠.

#5

전 과학자예요. 사물을 측정하고 비판적으로 사고하죠. 그래서 저는 세상을 이해할 수 있어요. 세상의 물리적인 면을요. 사람은 잘 모르겠어요. 저는 제 머릿속에서 살아요. 몸이 아니라요. 그래서 이렇게 건강이 안 좋은가 봐요. 내 몸까지 돌볼 여력이 없어요. 뇌만 겨우 돌보죠.

#6

사형 제도에 대한 제 생각을 정했어요. 누군가 다른 사람의 생명을 빼앗았다면 그 사람도 같은 운명을 맞아야 한다고 생각해요. 제거해야 해요. 살 자격이 없는 사람들이에요. 감옥에서 자리나 차지하게 둬서는 안 돼요. 하지만 달리 생각해 보면 감옥에서 고통을 받게 해야죠. 자신이 한 짓의 대가를 두고두고 치르게 만들어야 해요. 지옥이 정말로 있다면 그건 또 다른 문제지만요. 잘 모르겠어요. 아직 마음을 정하지 못했나 봐요.

#7

저희 할아버지는 일흔 살이 넘었어요. 알츠하이머 환자이고 아주 상태가 심각해요. 지난주에는 저도 못 알아보

셨어요. 자주 넘어져서 병원 신세를 져요. 10년 전쯤에 알츠하이머 진단을 받았어요. 할머니는 어찌해야 할지를 모르세요. 슬픈 건 할아버지를 매주 한 번 정도 찾아오는 친구가 한 분밖에 없다는 거예요. 다른 친구들은 다 발길을 끊었어요. 이런 걸 보면 인간의 조건에 대해 다시 생각해 보게 되죠.

#8

사람들은 이런저런 얘기를 하고, 또 약속을 하죠. 그때는 진심이었는지 몰라도 약속을 잊거나 약속을 지키지 않았다는 것 또한 모르고 지나가요. 정말 지독한 일이죠. 그러니까 제가 하고 싶은 말은… 이제 서로 만나지 않는 게 좋겠다는 거예요.

#9

어젯밤에는 잠이 오지 않아서 두 시간 동안 책을 읽고 다큐멘터리 한 편을 봤어요. 시끄럽게 떠들어대는 그런 다큐는 아니었고 PBS에서 방영한, 후버댐에 관한 지루한 다큐였어요. 그런데 생각보다 아주 흥미로워서 푹 빠져서 봤죠. 새벽 4시가 되어서야 잠들었어요. 후버댐에 관한 내용은 하나도 기억이 안 나요.

#10

객실에 손님이 잘 들어갔는지 확인하고 개와 함께 지낼 건지 물었죠. 그는 그렇다고 했어요. 저는 개와 함께 투숙하면 추가 비용 15달러를 더 내야 한다고 말했어요. 그는 추가 비용을 면제해 주면 안 되냐고 했어요. 저는 안 된다고 했어요. 절대로 요금을 깎아주지 말라고 하셨잖아요. 손님이 목소리를 높이더니 욕을 했어요. 저는 참고 있었어요. 그러자 저한테 "지진아"라고 했어요. 그래서 펜을 던졌어요. 바로 그때 당신이 올라온 거예요. 그러니 이제 어떻게 하실래요, 샐리? 당신은 저 사람 편인가요, 아니면 제 편인가요?

#11

더는 당신과 어울리고 싶지 않아요. 당신은 늘 뭔가를 원하죠. 부탁 하나만 들어달라거나 뭔가를 빌려달라거나 조언이 필요하다고 해요. 언제나 뭔가가 필요하죠. 그러니 이제 툭툭 털고 각자의 길을 가요. 자. 당신이 우리 집에 두고 간 유리컵이에요. 제 드릴을 돌려주세요. 이번 주

내로 우리 집에 갖다줄 수 있죠?

#12

와, 정말 멋져요. 근육이 탄탄해 보여요. 그동안 당신을 지켜보고 있었거든요. 스쾃을 할 때는 무릎이 발끝보다 더 앞으로 나가지 않도록 조심해야 해요. 무릎이 발끝보다 더 앞으로 나가게 굽히면 허리에 무리가 가서 제가 몇 년 전 그랬던 것처럼 디스크가 터질 수 있거든요. 저는 상태가 너무 안 좋아서 3달이나 걷지도 못했어요. 저는 퍼스널 트레이너예요. 그러니 PT를 받을 생각이 있으면 말하세요. 저는 퍼스널 트레이너니까요.

#13

저는 피아노 연주자예요. 늘 그랬어요. 하지만 자신에게 맞는 것에서 멀리 도망치는 다른 많은 이들처럼 저도 밴드나 오케스트라의 일원이 되는 것으로는 만족하지 못했어요. 더 큰 꿈을 꾸었죠. 교향곡을 작곡하거나 밴드의 리더가 되고 싶었어요. 근데 저는 리더가 될 자질이 없으니 실패할 수밖에 없었겠지만요. 그래도 할 수 없죠. 아예 시도조차 안 하고 쇼핑몰 같은 데서 연주하느니 큰 꿈을 좇다가 실패하는 편이 나아요. 어느 쪽이든 무명으로 남기는 마찬가지일 테니까요.

#14

제가 남들보다 똑똑하다고 생각하는 게 아니에요. 제가 남들보다 똑똑하다는 걸 아는 거죠. 그러니 모두들 그냥 입 다물고 제 말을 들었으면 좋겠어요. 그러면 모든 문제가 해결되고 앞으로 나갈 수 있겠죠. 그러나 그런 일은 벌어지지 않을 테고 저는 지금 한 말로 그런 일이 일어날 가능성을 완전히 망쳐버린 거죠.

#15

이 시계는 할아버지께 생일 선물로 받은 거예요. 할아버지는 제 생일을 종종 까먹어요. 올해는 제 생일을 잊지 않았을 뿐 아니라 심지어 선물도 주신 거예요. 할아버지는 크리스마스에는 선물을 두 개 주시곤 해요. 하나는 크리스마스 선물이고, 하나는 생일 선물이죠. 할아버지에 대해 더 잘 알고 싶은데 할아버지는 아주 과묵하고 자기 얘기를 잘 안 하세요. 이 시계는 제게 아주 소중한 물건이에요. 50달러에 드릴게요.

#16

당신이 아주 힘든 시간을 보냈다는 거 알아요. 당신은 자신이 지금 느끼는 감정을 말로는 표현할 수 없다고 하죠. 말로 표현할 수 없다면 일단 국어사전과 동의어 사전을 구해줘야겠군요. 당신 마음을 표현할 적절한 단어를 찾을 수 있게요.

#17

제가 훔쳤어요. 저는 가끔씩 물건을 훔쳐요. 책상 위에 놓인 명함집이나 식당 화장실에 걸린 사진처럼 아무짝에도 쓸모없는 것들을요. 그런데 이번에는 핸드폰을 훔쳤어요. 그냥 지나칠 수가 없었어요. 이번에는 그냥 재미로 훔친 것도 아니에요. 이전까지는 재미로 그랬다고 치면 이번에는 친구가 저를 도둑이라고 불러서 훔쳤어요. 친구 핸드폰을 훔쳐서 복수한 거죠.

#18

아무것도 기억나지 않아요. 나는 '복붙하기', '이메일로 나 자신에게 메모 남기기', '나한테 이거 저거 했는지 확인해 달라고 부탁하기' 세상에 사는 사람이에요. 한번은 친구가 기억력이 확실히 나빠지고 있는 것 같다는 말을 했어요. 그러더니 3주 뒤에는 뇌암 판정을 받았어요. 그리고 죽었죠. 제가 뇌암이라고 생각하지는 않아요. 태어날 때부터 아무것도 기억하지 못했으니까요. 저는 바보거나 건망증이 심한 천재겠죠.

#19

창의적인 사람들은 자신의 가장 기발한 아이디어 작품이 아무 인정을 받지 못하고 버려지는 것을 두려워해요. 만약 당신이 창의적이라면 언제나 그보다 더 기발한 아이디어를 낼 수 있을 거예요. 창의적이지 않다면 가장 좋은 아이디어는 아껴두는 게 현명하겠지만요.

추천 도서 목록

《열정의 꿈A Dream of Passion》, 리 스트라스버그Lee Strasberg (Plume, 1988/《연기의 방법을 찾아서》, 현대미학사, 1993)

《억양: 배우를 위한 지침서Accents: A Manual for Actors》, 로버트 블루먼펠드Robert Blumenfeld (Limelight Editions, 2004)

《연기: 여섯 가지 기본 수업Acting: The First Six Lessons》, 리처드 볼레슬랍스키Richard Boleslavsky (Martino Fine Books, 2013)

《배우 수업An Actor Prepares》, 콘스탄틴 스타니슬랍스키Constantin Stanislavsky (Routledge, 1989/예니, 2014)

《오디션Audition》, 마이클 셔틀르프Michael Shurtleff (Bantam, 1980/지안, 2009)

《마이스너의 연기론Meisner on Acting》, 샌퍼드 마이스너Sanford Meisner (Vintage, 1987)

《산연기Respect for Acting》, 우타 하겐Uta Hagen (Wiley, 2008/퍼스트북, 2015)

《배우는 말한다The Actor Speaks》, 팻시 로덴버그Patsy Rodenburg (St. Martin''s Griffin, 2002)

《연기 예술The Art of Acting》, 스텔라 애들러Stella Adler (Applause Theatre & Cinema Books, 2000)

《셰익스피어를 생각하다Thinking Shakespeare》, 배리 에델스타인Barry Edelstein (Spark Pub Group, 2007)

부록

신인 배우를 위한 오디션 가이드

김진아 영화 프로듀서

캐스팅 과정은 배우에게도, 제작자나 감독에게도 어려운 작업이다. 신인 배우들은 대부분 단편영화나 웹드라마, 독립 장편영화의 단역으로 경력을 시작하게 된다. 상업영화에 출연하고 싶어도 공개 오디션의 기회는 매우 적고, 캐스팅 과정은 노출되지 않는다. 그럼 그 많은 배우들은 어떻게 기회를 얻었을까? 단편영화나 광고, 공연에 출연했다가 관계자의 눈에 띄었을 수도 있고, 지인의 추천을 받았을 수도 있고, 공개 오디션 기회를 잡았을 수도 있다. 각자의 과정은 배우마다 모두 다르다. 이 장에서는 앞에서 설명한 미국과 다소 다른, 우리나라 제작 환경에서 일어나는 오디션과 캐스팅 과정을 추가로 정리하였다.

캐스팅 과정

제작자는 배우에게 전달할 최종 시나리오가 완성되면 감독, 투자자와 함께 캐스팅 후보를 논의한다. 상업영화는 스타 캐스팅 성공 여부에 따라 제작비 투자가 결정되기 때문에 캐스팅은 영화 제작의 마지막 고비라 할 수 있다. 독립영화는 제작 지원을 통해 제작비가 확정되면 캐스팅을 시작한다. 대부분의 지원 심사는 캐스팅보다 감독의 제작 의지와 시나리오의 완성도가 주요한 판단 기준이 된다.

원하는 배우가 매니지먼트사에 소속되어 있다면 담당 매니저를 통해 시나리오를 전달한다. 시나리오에 대한 배우의 긍정적인 회신이 오면, 일정과 출연료 등 계약 조건에 대해 협의 후 최종 캐스팅을 확정한다. 프리랜서 배우에게는 직접 시나리오를 전달하고 계약 조건을 협의한다. 배우는 프로필에 도움이 된다면 출연료가 크지 않은 독립영화에 참여하기도 한다. 또는 감독과의 친분으로 특별출연으로 참여하기도 한다.

영화에서는 인물 담당 연출부가 캐스팅과 오디션 진행, 보조출연 설정, 콜백과 트레이닝 등 배우 관련 업무를 진행한다. 주연 배우 캐스팅은 투자사, 제작사, 감독이 함께 결정한다. 조·단역은 인물 담당 연출부가 후보 리스트를 만들고, 감독과의 오디션을 통해 캐스팅을 마무리한다.

영화 제작 상황이 알려지기 시작하면 영화사 사무실 앞 박스에 수북이 프로필이 쌓이기 시작한다. 연출부는 배우를 추천받기도 하고 단편영화, 독립 장편영화, 드라마 등 다양한 매체와 경로를 통해 배우 리스트를 작성한다. 봉준호 감독은 배우를 발굴할 때 독립영화를 보고 캐스팅하는 경우가 많다고 한다.

이번 프로젝트의 연출부는 다음 프로젝트에서도 연출부나 조감독이 되는 경우가 많다. 그럴 경우 그는 수북이 쌓인 프로필을 다시 열기보다는 이전 작품에서 인상적인 연기를 보여준 단역 배우들을 조금 더 비중 있는 역할로 추천하기 마련이다. 미국과 달리 한국에서 전문적인 캐스팅 디렉터의 입지는 미약하다. 감독, 조감독, 인물 담당 연출부가 영화 캐스팅 디렉터의 역할을 한다고 볼 수 있다.

그렇다면 오디션 정보를 어디서 얻을 수 있을까? 쉽게 검색으로 찾을 수 있는 대부분의 오디션 정보는 독립영화, 웹드라마, 연기 학원 오디션들이다. 이런 정보들만 모아서 운영하는 커뮤니티 카페들도 있다. 매니지먼트사는 홈페이지를 통해 자사의 신인 배우 발굴을 위한 1차 프로필을 접수하기도 한다. 많지는 않지만 장편 상업영화도 특별히 원하는 배우를 찾기 위해 공개 오디션을 하기도 한다.

단편영화 캐스팅 정보는 필름메이커스https://www.filmmakers.co.kr, 영화진흥위원회https://www.kofic.or.kr 등 각종 관련 사이트, 게시판, 카페 등에서 찾을 수 있다. 이들 중에는 검증되지 않은 구인 정보들이 있으므로 유의해야 한다. 공연의 경우에는 쇼케이스 등을 통해 신인 배우를 발굴하거나 극단 홈페이지에서 배우를 모집하기도 한다.

서울 상암동 DMC 첨단산업센터에는 투자 계약이 완료된 영화 제작사 사무실들이 입주해 있다. 여러 작품들이 한곳에 모여 있어 프로필 순례 장소이기도 하다. 프로필을 받을 경우는 문 앞에 박스가 있고, 아니면 접수 마감이라고 써 있다. 접수하는 사무실 앞에 자신의 프로필을 두고 오면 된다.

만약 회사에 소속되어 있다면 회사에서 프로필 사진과 파일을 제작해 주겠지만 프리랜서 신인 배우들은 직접 만들어야 한다. 앞의 장에서 설명한 프로필 사항 외에도 출연 영상이나 자유 연기 파일이 있으면 더욱 좋다. 영상 파일이나 관련 링크를 첨부하라. 가능하면 액션이나 특정 장르물이 아닌 일상적인 자유 연기 영상이 좋다.

오디션 과정

만약 공고나 아는 사람의 추천을 통해 영화 오디션 기회가 온다면 배우는 참여할 작품이 어떤 장르인지, 감독의 전 작품은 무엇인지 알아보는 것이 좋다. 오디션용 대본은 미리 전달하기도 하고, 현장에서 전달하기도 하고 대본 없이 이야기만 나누기도 한다. 감독은 이미 캐스팅이 확정된 배우와의 조합 등을 상상하며 오디션을 본다. 배우의 얼굴, 헤어스타일, 목소리, 표정 등은 감독의 상상 속 인물을 완성하는 데 중요한 요소가 된다. 과한 화장과 의상, 헤어스타일은 이를 방해하기 때문에 배우는 최대한 자연스러운 복장과 메이크업으로 오디션에 참가하는 것이 좋다. 오디션 결과에 따라 원래 예상했던 배역이 아닌 다른 배역으로 결정되기도 한다.

감독은 시나리오나 배역에 대한 질문도 하지만 일상에 대한 질문을 통해 배우를 탐색하기도 한다. 감독은 배우가 어떤 사람인지, 어떤 성격인지 알고 싶어 한다. 배우가 더 자연스럽게 연기할 수 있게 하고 작품의 완성도를 높이기 위해서다. 촬영 전 감독은 배우와 많은 시간을 보내면서 배우의 습관이나 말투를 대본에 반영하기도 한다. 일본 하마구치 류스케 감독은 "오디션이라고 해도 배우와 만나 한 시간 동안 수다만 떤다. 대화를 오래 하다 보면 진심이 느껴지고 그런 배우와 작업한다. 이야기를 나누다 보면 진짜 자기 모습을 보여주는 때가 온다. 연기를 잘하고 못하고보다 진심이 중요하다"고 말한다. 이처럼 배우 자신의 매력이 오디션에서 가장 중요한 부분이라고 할 수 있다.

소속사가 없는 신인 배우를 위한 조언

소속사가 없는 배우라면 계약 전에 여러 가지를 따져봐야 한다. 힘들게 오디션에 합격해서 캐스팅이 확정되어도 일정이 맞지 않아 불발되기도 한다. 촬영 일정은 날씨나 여러 가지 변수로 변동될 수 있다. TV 드라마는 촬영 며칠 선에 일정이 정해지기도 한다. 촬영 일정을 협의할 때는 이를 염두에 두어야 한다.

무대 연기와 달리 드라마나 영화 등 매체는 국내외 어디서든, 언제든 다시 상영 또는 방영될 수 있기 때문에 작품 선정에 신중해야 한다. 노출이나 위험한 촬영에 대해서는 콘티나 대본을 통해 촬영 전에 제작팀과 충분히 협의하고 준비해야 한다.

모든 것이 잘 진행이 되어 이제 촬영을 앞두고 있다면

계약서를 작성하라. 장편영화나 드라마는 당연히 계약서를 작성하지만 단편영화는 계약서를 작성하지 않는 경우도 있다. 크랭크인 전에 계약서 작성을 요청하라. 한국콘텐츠진흥원에서 지원하는 작품은 대중문화예술인 표준계약서를 작성하도록 의무화되어 있다.

2021년 '영화 및 비디오물 진흥에 관한 법률' 개정안에 의해 영화는 촬영 전에 성희롱, 성폭력 예방교육이 의무화되었다. 만약에 성희롱, 성폭력으로 피해를 보았다면 즉시 책임자에게 도움을 요청하라. '한국여성민우회', 한국영화성평등센터 '든든', 한국콘텐츠진흥원 '보라' 등에서는 피해 상담과 의료, 법률적인 지원을 한다. 한국예술인복지재단에서도 계약 상담 및 컨설팅, 예술인 신문고, 심리 상담 등 다양한 도움을 받을 수 있다.

나의 첫 배우 수업

당신이 연기에 대해 알아야 할 최소한의 것들

지은이	제러미 크루즈
옮긴이	방진이
펴낸곳	지식의편집
편집	김희선
디자인	손현주
등록	제2020-000012호(2020년 4월 10일)
주소	서울 강북구 삼양로 640-6 102
이메일	Jisikedit@gmail.com
전화	070-7538-3443
1판 1쇄 펴냄	2021년 11월 25일
1판 2쇄 펴냄	2023년 9월 15일
ISBN	979-11-970405-4-2 03680

파본은 구입처에서 교환해 드립니다.

책값은 뒤표지에 있습니다.